ABUS
ET RÉFORMES

PAR

M. E. PISSOT,

Notaire à Doulevant-le-Château.

WASSY

TYPOGRAPHIE ET LITHOGRAPHIE DE J. GUILLEMIN

—

1871

ABUS ET RÉFORMES

Après les cruelles et terribles catastrophes qu'elle vient de
subir, la France, meurtrie, doit se recueillir et panser ses
blessures. Elle va se donner une nouvelle constitution : des
épouvantables désastres sont à réparer : l'ordre, l'économie
dans les finances, une administration sage et productive, lui
deviennent plus que jamais nécessaires ; c'est le moment de
supprimer toutes les inutilités, toutes les entraves, tous les
abus. Aucun temps ne sera d'ailleurs mieux choisi, pour cette
rude besogne, que cette époque où par le fait tout semble mis
en question.

Dans de pareils moments chacun se doit à la patrie ; ceux
que leurs études et leurs travaux mettent à même de donner
des conseils, de signaler des abus, d'indiquer des réformes,
ont le devoir de dire ce qu'ils savent, de publier leurs pensées,
les résultats de leurs réflexions et de leurs veilles. Lorsqu'un
abus est connu de tout le monde, lorsqu'un défaut est public,
il est bien près d'être corrigé ; chacun doit donc signaler le
mal, en indiquer la cause s'il croit l'avoir découverte, montrer ce qu'il pense être le remède ; la réforme ne se fait pas
attendre, lorsque chacun la croit nécessaire. Une révolution
ne passe dans l'ordre des faits que lorsqu'elle est dans les
idées ; notre grande révolution de 1789 en est un des exemples les plus frappants.

C'est parce que nous sommes convaincus que lorsque la lumière est faite dans les masses elle a un entraînement irrésistible, que nous entreprenons aujourd'hui de publier les résultats de nos études sur les diverses branches des administrations publiques, de signaler les abus qui nous semblent devoir être déracinés et les réformes par lesquelles on peut les corriger.

Dans ce travail, nous passerons successivement en revue les différentes administrations, indiquant les abus, les défauts à corriger, les réformes qui, à notre sens, devraient être apportées : les suppressions, les améliorations que nous croirions utiles de faire.

Les Français, dit-on, sont ingouvernables ! Ne serait-il pas plus juste de dire que les gouvernants veulent trop gouverner. A leur gré, il n'y a jamais assez de règlements, d'entraves, de formes à observer : tout doit être régi, réglementé, ordonné ; il semble que tout serait perdu et que rien ne saurait marcher si la moindre action des citoyens n'avait pas été prévue, dirigée, ordonnée, si elle pouvait s'exercer en liberté et sans qu'une forme ait été déterminée, dans laquelle chacun devra se mouvoir. Ajoutez à cela une innombrable armée de fonctionnaires dont chacun, à partir du plus infime, se croit dépositaire d'une parcelle d'autorité, que son plus grand souci est de faire sentir. Tout le monde veut avoir sa part au budget, chacun veut commander à son semblable : et voilà pourquoi toutes les administrations sont autoritaires, se prétendent infaillibles, sont tracassières et vexatoires, et comment par une naturelle réciprocité, les administrés sont rétifs, frondeurs et finissent par devenir émeutiers et révolutionnaires. Supprimez les fonctionnaires inutiles, n'en ayez que le nombre nécessaire, rendez-les responsables de tous leurs actes ; que tout citoyen qui aura à se plaindre d'eux, puisse les appeler devant les tribunaux et les faire punir quand ils auront tort : aussitôt tout changera de face ; le fonctionnaire retenu dans les justes limites de sa fonction craindra de faire sentir son autorité, au lieu de rechercher les occasions de la montrer ; il évitera les abus de pouvoir, il n'affichera plus cette insupportable prétention à l'infaillibilité ; le citoyen, fort du droit qu'il aura de faire réprimer les abus d'autorité, de faire punir les excès de zèle, de se faire indemniser lorsqu'il aura injustement souffert de la sottise, de l'incapacité ou du mauvais vouloir d'un fonctionnaire, sera plus disposé à se soumettre à la règle, et chacun, citoyen et fonctionnaire, donnera l'exemple de soumission à la loi. Aujourd'hui les fonctionnaires de tout ordre sont trop imbus de ce principe qu'ils sont au-dessus des lois ; qu'elles sont faites pour le commun des hommes, mais qu'eux planent dans une sphère trop élevée, pour avoir avec la loi autre chose de commun que d'en faire sentir le poids aux administrés.

L'article 75 de la Constitution de l'an VIII a été le plus grand obstacle à l'amélioration de nos mœurs politiques. Un grand service rendu à la France par le Gouvernement de la défense nationale, c'est l'abrogation de cet article, qui est peut-être seul la cause, qu'on a pu dire avec un semblant de vérité, que les Français sont ingouvernables. Dieu veuille que la réaction ne parvienne pas à le faire ressusciter.

Le jour où chaque fonctionnaire sera bien pénétré de cette vérité qu'il est institué pour travailler au bien de ses concitoyens, que sa fonction n'a de raison d'être, que parce qu'elle concourt à l'utilité de tout le monde ; que lui n'est en définitive, que le serviteur des citoyens ; que toute pression de sa part non justifiée par la nécessité de faire exécuter la loi, que tout excès ou abus de l'autorité dont il est dépositaire, sera puni sur la demande même de celui qui aura subi cet excès ; le jour en un mot où le fonctionnaire se saura responsable, non pas seulement envers le supérieur qui le couvre, mais envers l'administré lui-même, qui lui pourra demander compte ou de l'abus, ou de l'inexécution de la loi, ce jour-là le fonctionnaire administrera avec modération et équité ; les abus diminueront s'ils ne disparaissent et les citoyens obéiront sans murmures à la loi, qui sera la même pour tous, et sera exécutée par tous de la même manière. Mais gardons-nous de vouloir trop réglementer, laissons l'initiative individuelle se mouvoir dans un cercle où les entraves et les formes ne soient pas trop prodiguées.

ADMINISTRATION PUBLIQUE.

Il n'entre pas dans notre plan de faire un projet de constitution politique ; ce que nous désirons voir établir c'est l'administration du pays par lui-même, c'est une société s'administrant par ses actionnaires. Bien que ne voulant pas nous étendre sur ce que pourrait être la constitution de la France, nous allons examiner les divers rouages actuellement existants ou qui existaient sous l'Empire et nous dirons ce que nous pensons de leur utilité.

Conseil d'Etat. — Le conseil d'Etat est essentiellement une institution impériale : c'est Napoléon Ier qui a imaginé ce rouage dans sa constitution de l'an VIII. Dans les constitutions consulaire et impériales le conseil d'Etat est chargé de préparer les lois ; de plus il est un tribunal administratif. Que dans une constitution où le Corps législatif n'est qu'une fiction, où il vote les lois sans les discuter, on ait besoin d'un conseil d'Etat qui les élabore et les prépare, cela se peut concevoir. Mais lorsqu'il y a un Corps législatif, vraiment digne de ce nom, le conseil d'Etat n'a pas d'utilité, et doit être supprimé. L'initiative des lois appartenant aux représentants, et au gouvernement, chacun d'eux à son point de vue les prépare : le représentant qui propose une loi, en expose les motifs, en coordonne les dispositions. Le ministre qui apporte un projet de loi au Corps législatif le fait préparer par des hommes spéciaux de son ministère; il devrait même le faire préparer par une commission de gens pratiques, pris parmi ceux qui seront chargés d'exécuter la loi et qui plus que qui que ce soit sont aptes à juger des défauts des lois existantes, et à prévoir les dispositions à insérer dans la loi nouvelle. Quant au conseil d'Etat, depuis qu'il prépare des lois, il n'a jamais su empêcher d'y mettre des dispositions défectueuses ou d'une application difficile ou onéreuse pour les justiciables, parce qu'il est ordinairement composé d'hommes instruits, sans doute, et capables, mais qui n'ont pas assez la pratique des affaires et ne se sont pas suffisamment rendu compte des difficultés d'application et de pratique.

D'ailleurs le conseil d'Etat est généralement plus un corps politique qu'un corps composé de gens d'affaires, ce qui explique le nombre des lois mauvaises émanées de ses délibérations.

Nous saisirons en passant l'occasion de demander que les lois ne contiennent plus cet article stéréotypé qui se trouve presque dans toutes, *les lois antérieures sont abrogées en ce qu'elles ont de contraire à la présente.* Cette funeste disposition a jeté dans notre droit français une obscurité qui, si l'on n'y prend garde, remplacera le dédale de nos lois avant 1789. Il en résulte que d'une loi souvent étendue il reste à peine quelques articles ou portions d'articles en vigueur; jurisconsultes et justiciables doivent se livrer à des recherches parmi d'anciennes lois presque oubliées, les comparer aux nouvelles,

pour juger si elles n'ont pas quelques dispositions conservées ;
c'est là un travail, long et pénible, que le conseil d'Etat chargé
de préparer nos lois, aurait dû faire et éviter à ceux qui doivent les exécuter ou s'y soumettre, et ce n'est pas un des
moindres reproches que nous adressons aux conseils d'Etat
passés, de n'avoir pas même eu le courage de se livrer à ce
travail et de faire des lois complètes.

Comme tribunal administratif, nous n'hésitons pas à condamner encore le conseil d'Etat. Pourquoi des tribunaux administratifs, si ce n'est pour que l'administration soit en
même temps juge et partie ? Or c'est précisément là la plus
mauvaise condition pour une bonne justice. Nous avons des
tribunaux : pourquoi les actes de l'administration ne lui se-
raient-ils pas soumis comme ceux de tous les particuliers ? On
a prétendu qu'il y a des inconvénients à ce que les actes des
administrations soient soumis aux tribunaux ordinaires ; on a
dit que l'administration n'aurait plus sa liberté d'action si elle
tombait sous la juridiction des tribunaux. J'avoue humble-
ment n'avoir jamais pu comprendre ces inconvénients, n'a-
voir jamais saisi en quoi la liberté est retirée à l'administration quand des juges sur lesquels elle n'a pas d'action sont
appelés à décider si elle s'est conformée à la loi. Je suis beaucoup plus porté à croire qu'on n'a invoqué jusqu'ici la préten-
due confusion de pouvoirs résultant du jugement des actes de
l'administration par les tribunaux, que parce que en ne rendant l'administration justiciable que des tribunaux administratifs, on la rendait omnipotente, on supprimait en quelque
sorte le recours des citoyens contre elle. Ce raisonnement
était un corollaire nécessaire du fameux article 75 de la constitution de l'an VIII.

Nous concluons donc sans hésiter à la suppression du
conseil d'Etat.

Conseils de Préfecture. — Les Conseils de Préfecture nous semblent à bien plus forte raison encore inutiles. Ils n'ont aucun rôle politique, et, comme tribunaux administratifs, ce que nous avons dit du Conseil d'Etat leur est de tout point applicable.

Nous les remplacerions par une Commission du Conseil Général, siégeant auprès du Préfet, pouvant l'aider de ses conseils, et à laquelle, d'ailleurs, il serait obligé de demander son avis (1).

Préfet. — Le Préfet, comme administrateur du département, serait un fonctionnaire important. Mais ses attributions doivent être singulièrement modifiées : au lieu d'un petit despote, le Préfet doit être un administrateur chargé, sous le contrôle du Conseil Général, de l'application des lois, et des mesures ordonnées par le pouvoir exécutif. Mais il faut, par une large décentralisation, le débarrasser d'une multitude de charges qu'il ne peut ni ne doit remplir. La commune doit reprendre son administration : si, comme on l'a dit, on peut gouverner de loin, on ne peut bien administrer que de près ; il est indispensable que l'on ôte aux préfets cette foule d'autorisations qu'ils doivent, d'après nos lois, donner à presque tous les actes de l'autorité municipale. Croyez-vous que les hommes qui habitent la commune, qui y ont leurs biens et leurs intérêts, ne sauront pas mieux qu'un préfet habitant à vingt ou trente lieues de cette commune, ou qu'un chef de bureau ou un employé qui en connaît à peine le nom, ce qui convient à cette commune.

Que si pourtant, vous n'avez qu'une confiance médiocre dans les capacités de quelques conseils municipaux, ou de

---

(1) Depuis que ceci a été écrit, la nouvelle loi sur les Conseils généraux a fait droit à un certain point de vue à notre demande.

quelques maires de petites communes, vous pourrez ne rendre exécutoires certaines de leurs décisions, que lorsqu'elles auront été approuvées par un Conseil cantonal, dont nous parlerons lorsque nous arriverons à cette partie de notre travail.

Sous-Préfet. — Il ne nous paraît pas nécessaire de faire la démonstration de l'inutilité des Sous-Préfets : depuis longtemps la conviction est faite chez les personnes qui ne se laissent guider par aucun intérêt particulier. Avec les moyens de transport et de communication dont la France dispose, le Sous-Préfet n'a plus de raison d'être, si tant est qu'il en ait eu jamais ; et l'occasion est on ne peut plus favorable pour faire l'économie de ce rouage inutile. L'arrondissement n'a jamais été qu'une division territoriale factice : les habitants d'un même arrondissement n'ont pas d'intérêts communs ou collectifs. Le canton répond davantage aux besoins des localités : c'est en quelque sorte la cité, rôle auquel ne peut prétendre l'arrondissement, beaucoup trop vaste. Le canton peut facilement grouper des intérêts communs, se prêter à une administration commune, à une possession collective de certains objets, tels que : hospice, assistance publique, etc.

Conseil cantonal. — Supprimant le Sous-Préfet, nous supprimons également les Conseils d'arrondissement, dont il n'est pas davantage nécessaire d'expliquer le peu d'importance, pour ne pas dire la nullité. Mais nous organisons le canton administré par un Conseil cantonal, composé de tous les Maires et d'un Délégué de chaque commune, nommé par elle et pris soit parmi les habitants, soit, pour laisser plus de facilité de choisir des hommes capables, parmi ceux de tout le canton. Le Président, élu par le conseil, serait chargé de veiller à l'exécution de ses décisions. Le Conseil se réunirait une fois par mois ; il serait renouvelé tous les deux ans ou mieux tous les ans ; il aurait un budget. Il aurait dans ses attributions la répartition des impôts, la création des établissements d'utilité cantonale, l'examen et l'approbation ou l'annulation des décisions prises par les conseils municipaux dont on ne croirait pas devoir laisser la décision souveraine à ces assemblées, et qui ne seraient exécutoires qu'après l'approbation du Conseil cantonal.

Le canton organisé comme une grande commune, le Conseil cantonal serait en quelque sorte son conseil municipal, il en aurait les attributions.

En résumé, l'organisation politique se composerait comme il suit : à la base la commune, avec un conseil municipal élu par elle, et un maire élu par le conseil municipal ; le canton ou cité, réunion de communes, administré par un conseil composé des Maires et d'un ou plusieurs membres par commune, selon leur population ; le département, avec un conseil général ayant à côté de lui le préfet qu'une commission du conseil assisterait, et sans l'avis de laquelle il ne pourrait prendre certaines mesures ; enfin, au sommet, l'Etat avec la représentation nationale faisant les lois. Chaque conseil aurait le droit d'émettre des vœux politiques et régirait souverainement les choses mises dans ses attributions et notamment les dépenses de son budget.

ADMINISTRATION FINANCIÈRE.

« Les revenus de l'Etat, a dit Montesquieu (1), sont une portion que chaque citoyen donne de son bien, pour avoir la sûreté de l'autre ou pour en jouir agréablement. »

C'est-à-dire que l'impôt est une prime d'assurance, payée

---

(1) *Esprit des Lois,* Liv. XIII, chap. I.

par chaque citoyen, pour jouir de la sécurité et des avantages de la vie sociale.

« Pour bien fixer ces revenus, ajoute Montesquieu, il faut avoir égard et aux nécessités de l'Etat et aux nécessités des citoyens. Il ne faut point prendre au peuple sur ses besoins réels pour des besoins de l'Etat imaginaires. »

La conséquence à tirer de ceci, c'est que le citoyen ne doit payer d'impôts qu'en proportion de son intérêt dans la société, et que la société ne doit dépenser que ce qui est strictement nécessaire pour assurer à ses membres les avantages de la vie sociale. Toute dépense qui n'a pas ce caractère de nécessité et d'utilité doit être expressément rejetée d'un Etat bien organisé, et l'impôt doit être proportionnel à la fortune de chaque citoyen. Un citoyen qui, ayant de la fortune, ne paie pas sa part proportionnelle d'impôts, ou qui cherche à s'en dispenser tout en jouissant de la sûreté que lui procure l'Etat, commet un crime social : c'est un voleur. Celui au contraire qui est chargé d'impôts au-delà de la proportion qu'indique sa position de fortune est une victime sociale : il est dépouillé par ceux qui ne paient pas leur part proportionnelle.

Voyons, maintenant que nous avons posé ces principes, si notre organisation financière a répondu jusqu'à présent à ce que l'on était en droit d'attendre.

Nos impôts sont aussi multiples qu'il est possible : pour satisfaire à des « *besoins de l'Etat imaginaires,* » on n'a pas hésité à créer des impôts de toutes sortes, et presque tous sont répartis de la manière la moins équitable et la moins proportionnelle aux intérêts des associés.

Nous avons *l'impôt personnel, l'impôt foncier, l'impôt des portes et fenêtres, l'impôt des patentes, l'impôt mobilier, les impôts indirects de toutes sortes, impôts de timbre et d'enregistrement, d'hypothèques, de consommation et de circulation sur les boissons,* etc., etc.; nous ne parlons ni des postes ni des télégraphes, qui ne peuvent être rangés parmi les impôts : ce sont des administrations rendant au public des services que celui-ci paie ; c'est là une excellente source de revenus, mais ce ne sont pas des impôts.

L'impôt foncier est un impôt réparti proportionnellement, mais il est à peu près le seul dont on puisse le dire avec vérité ; l'impôt mobilier est établi avec trop d'arbitraire, et d'ailleurs il est trop peu certain qu'un grand appartement soit le signe d'une grande fortune, ou un petit appartement le signe d'une fortune médiocre ou petite, pour qu'on en puisse dire qu'il est réparti proportionnellement ; nous en dirons autant de l'impôt des patentes, qui est presque exclusivement arbitraire ; de celui des portes et fenêtres : ces ouvertures peuvent indiquer que le propriétaire aime l'air et la lumière, elles ne prouvent nullement qu'il a une fortune plus ou moins grande. Quant à l'impôt personnel de tant par tête, il est évidemment le moins proportionnel et par conséquent le plus injuste de tous les impôts, et n'a aucune raison sérieuse d'être. Est-il juste, en effet, que l'homme qui vit au jour le jour d'un travail pénible, soit mis, à l'égard de l'impôt, sur la même ligne que le millionnaire qui vit dans l'abondance et dans l'oisiveté. Assurément, le prolétaire n'a guère d'intérêt à ce qu'il n'y ait pas de voleurs, à ce que la société ne soit pas troublée par des émeutes ou d'autres ébranlements : il n'a rien à perdre ; mais le riche capitaliste a, lui, le plus grand intérêt à ce que les gendarmes et les agents de police surveillent les gens malintentionnés, à ce que les tribunaux les condamnent à la prison ou au bagne que la société est obligée d'entretenir, à ce que des soldats maintiennent la paix au dedans et au dehors. Cela ne veut pas dire que le prolétaire n'a aucun intérêt dans la société, car il a sa part aussi des avantages de la vie sociale et dans tout ce qui constitue les services publics, mais, son intérêt étant moindre, il doit participer dans une moindre mesure aux dépenses qu'ils nécessitent, et précisément l'impôt personnel lui demande une cotisation égale à celle du riche.

Dans les impôts indirects, la proportion est souvent renversée, et c'est le pauvre qui paie plus que le riche. Un tonneau de mauvais vin paie autant pour circuler que celui du vin le plus exquis, et l'ouvrier, qui est obligé d'acheter au détail le vin qu'il boit, parce que l'argent lui manque pour se procurer un tonneau, paie le droit de consommation dont est exempt le riche qui achète au producteur en grande quantité et qui se trouve ainsi exonéré de ce droit. Nous ne croyons pas devoir nous étendre davantage sur les impôts dont le recouvrement est confié à l'administration des contributions indirectes ; leurs inconvénients sont connus de tout le monde et les ont fait généralement condamner depuis longtemps ; il suffira de rappeler que la chute du premier empire a été saluée des cris : *A bas les droits réunis ;* que les Bourbons avaient promis de supprimer ces impôts impopulaires et mal établis, mais que les questions d'inopportunité et les besoins sans cesse croissants des gouvernements monarchiques ont toujours empêché jusqu'à présent de se rendre à la raison qui les condamne.

La principale objection à la suppression du droit de consommation, c'est la nécessité, dit-on, d'arrêter la plaie de l'ivrognerie en augmentant le prix des boissons. Or, il y a ceci de remarquable, que l'exercice, les droits de consommation, les règlements sur les cabarets et les débits de boissons, n'ont rien empêché. L'ivrognerie est plus florissante que jamais. C'est un mal qu'on voit chaque jour s'étendre davantage, qui devient un danger public, et auquel il faut remédier par d'autres moyens que l'impôt indirect, lequel est absolument impuissant, comme le démontre l'expérience des soixante dernières années.

Ce n'est donc pas, selon nous, dans les impôts sur les boissons qu'il faut chercher le remède à l'ivrognerie ; ce remède n'est pas facile à trouver, mais on obtiendrait peut-être une certaine amélioration, si l'ivrogne trouvé dans la rue était puni d'une amende d'abord légère, puis plus forte, et enfin de prison ; si le débitant de boissons chez lequel serait trouvé un homme ivre était puni d'une forte amende, et si toute espèce d'action lui était interdite pour le recouvrement du prix des boissons qu'il aurait livrées à crédit ; si l'ivresse, au lieu d'être considérée comme une circonstance atténuante par les tribunaux, était, au contraire, rangée par la loi au nombre des circonstances aggravantes ; enfin, si les agents chargés de veiller à l'exécution des lois et règlements de police ne donnaient pas eux-mêmes trop souvent l'exemple de l'intempérance : l'ivresse constatée chez un gendarme ou un agent de police devrait être une cause immédiate de destitution. Il serait nécessaire aussi de veiller à ce que le vice de l'ivrognerie pût être déraciné dans l'armée, d'où il s'est répandu dans les populations civiles. Les habitudes d'oisiveté contractées dans les garnisons ont développé ce vice outre mesure, et nous voyons trop de militaires, rentrés dans la vie civile, ayant perdu l'habitude du travail, conserver celle du cabaret. Il y a là un danger à conjurer, ce sera l'affaire de la réorganisation de l'armée. Nous concluons que l'impôt sur les boissons n'est pas un remède contre l'ivrognerie.

Que si, cependant, on veut absolument maintenir un impôt sur les débits de boissons, qu'est-ce qui empêche, en supprimant l'exercice et le droit de circulation, d'imposer une sorte de patente ou de licence payable chez le percepteur, ce qui permettrait de faire l'économie d'une administration nombreuse, coûteuse et impopulaire, devenue inutile.

Nous allons faire de l'administration de l'enregistrement et des hypothèques une étude spéciale, que nos occupations particulières nous permettent d'approfondir, mais nous croyons dès maintenant pouvoir indiquer cette conclusion, où nous conduit l'examen de notre système financier, c'est que l'impôt rationnel doit être unique, établi sur le revenu de chaque citoyen, et proportionnel à ce revenu. Nous examinerons plus loin les conditions d'un impôt de cette nature, la manière dont il pourrait être établi, les objections qui peuvent lui être faites, en nous efforçant d'y répondre et de lever les scrupules. Mais, dès maintenant, nous devons dire que le moment paraît on ne peut plus favorable à l'établissement d'un pareil impôt, alors que tout est en question et que les secousses terribles que la France vient d'éprouver permettent de reprendre l'édifice par la base. A côté de cet impôt unique nous conserverions les administrations qui rendent des services aux citoyens, services que ceux-ci doivent payer, mais qui ne doivent pas être considérés comme des impôts. Ces administrations sont les postes et les télégraphes ; nous y ajouterions l'enregistrement, les hypothèques et le cadastre ; nous ferons voir ci-après comment nous entendrions transformer l'enregistrement et les hypothèques en une administration rendant des services, au lieu d'être une administration fiscale dont le but, avoué ou secret, est surtout de presser les citoyens pour leur faire verser des contributions.

ADMINISTRATION DE L'ENREGISTREMENT.

Dans notre organisation actuelle, l'Enregistrement est surtout une administration fiscale, destinée à la perception d'impôts indirects : l'utilité dont elle peut être aux citoyens, n'est nullement son objectif, elle n'en a nul souci, et si par le fait elle rend quelque service, c'est sans le vouloir et sans y tâcher. Sa charte est la loi du 22 frimaire an VII, loi très-bien faite, sagement ordonnée ; mais ceux qui l'ont faite seraient bien surpris de voir le parti qu'on en tire et ne supposaient pas qu'on aurait pu en faire sortir tant de choses qu'ils n'avaient pas cru y mettre. Dans le principe, cette loi exécutée loyalement et de bonne foi, paraissait d'une application simple et facile ; ses dispositions semblaient claires ; la perception se faisait naturellement d'après les bases qu'elle avait établies. Mais peu à peu les gouvernements ayant toujours plus besoin d'argent, il a fallu s'ingénier à en trouver. L'enregistrement a paru une mine riche que l'on pouvait exploiter ; on a examiné les textes de plus près, on a vu qu'ils pouvaient prêter à l'interprétation, et les agents de l'Administration ont reçu l'ordre de faire produire le plus possible à la matière imposable : faire une découverte, c'est-à-dire obtenir du contribuable le paiement d'une somme qui, peut-être, n'est pas due, mais que l'on s'obstine à considérer comme due, parce que le texte peut être interprété d'une certaine manière, et que d'ailleurs le contribuable est toujours supposé chercher à frauder les droits dus à l'Etat, a été une bonne note pour l'employé, un titre à l'avancement : ne pas faire de découverte, c'est une mauvaise note. Les agents doivent être constamment en éveil, il leur faut interpréter les clauses, les stipulations d'un contrat de manière à leur faire acquitter le plus de droits possible : toute disposition un peu obscure, toute rédaction, dont un mot échappé au rédacteur pourra prêter le flanc, sera tenaillée pour la présenter de façon qu'elle puisse servir à l'assiette d'un droit. En matière civile la loi a posé ce principe, que le doute s'interprète en faveur du débiteur, que toute clause obscure doit être entendue dans le sens le plus favorable, dans celui où il semble le plus naturel que les parties ont dû l'entendre, que la fraude ne se présume pas, qu'elle doit être prouvée. En matière fiscale tout cela n'est plus vrai ; le doute s'interprète contre le débiteur ; au lieu de la sage maxime, *dans le doute abstiens-toi*, on applique celle-ci, *dans le doute perçois* : toute clause ou rédaction obscure ou peu claire doit être interprétée dans le sens où elle donnera lieu au plus fort droit. Si vous n'êtes pas assez habile rédacteur, si vous n'êtes

2

pas assez au courant des interprétations qui pourront être données à la loi de frimaire, tant pis pour vous, vous apprendrez à vos dépens, ce qu'il en coûte pour n'avoir pas su prévoir que telle disposition pouvait être interprétée autrement que vous ne l'aviez vue : l'administration a des agents très-habiles, qui vous diront que si vous aviez rédigé la clause autrement, si vous n'aviez pas mis dans votre phrase tel mot, vous auriez évité ce droit qu'on vous réclame ; que d'ailleurs la fraude est la préoccupation constante des contribuables, qu'il faut la déjouer par tous les moyens possibles, qu'elle doit toujours être présumée par l'administration qui ne fait que se défendre. Voilà les maximes et les principes de cette administration : percevoir par tous les moyens, voir la fraude partout, jeter le désarroi dans les préceptes du droit civil qu'elle déclare lui être inapplicable, faire produire l'impôt le plus possible aux actes qui lui sont soumis. Voici où en est arrivée cette administration, qui par ses procédés inquisitoriaux, ses tracasseries, ses vexations, serait devenue encore plus impopulaire que celle des droits réunis, si son action était moins limitée ou plutôt si la masse des citoyens avait avec elle des rapports plus fréquents et plus directs : mais c'est surtout avec les officiers ministériels, et notamment les notaires que ses rapports sont nombreux et qu'ils prennent un caractère tel, qu'on peut dire que c'est une guerre continuelle, où d'une part l'administration s'efforce de faire sortir d'un acte ce qui n'y est pas, afin de percevoir des droits plus élevés, et où d'autre part le notariat lutte de toutes ses forces pour défendre les deniers de ses clients. Il en résulte qu'il est à peu près impossible, dans l'état actuel des choses, à un notaire même très habile et très-expert, de dire quels droits d'enregistrement seront perçus sur une transaction. Si, prévoyant qu'en la rédigeant de telle manière, il sera perçu un droit qu'il ne considère pas comme dû, il emploie une autre rédaction, il est bien rare qu'il ne tombe pas dans un autre écueil et n'amène pas par un mot malencontreux une perception souvent plus élevée. Il semble que rien ne soit plus facile que de présenter les conventions des parties et d'établir le droit sur ces conventions, le tarif est clair : rien ne paraît plus simple. Mais il faut bien compter avec ce principe de l'administration que tous les contractants sont à son égard de mauvaise foi, et cherchent à frauder : il en résulte que tout ce qui dans vos conventions n'est pas prouvé par des titres enregistrés, n'est pour l'administration qu'une machine de guerre, un moyen de fraude ; elle n'en tient aucun compte, et perçoit les droits : en vain vous invoquerez l'intérêt de l'autre partie, qui n'aurait pas admis la convention si elle n'était légitime et prouvée, le cauchemar de la fraude empêche l'administration de dormir et lui crie sans cesse, *perçois, perçois.*

Nous ne pouvons entrer dans les détails des nombreuses perceptions plus que risquées que l'administration impose aux contractants ; il nous suffira de dire qu'une énorme masse de procès surgissent chaque jour entre la régie et ceux qui ont à faire à elle : que plaidant sans frais, elle impose par la peur des procès et des ennuis, des perceptions fort contestables ; que lors même qu'elle a perdu devant les tribunaux, elle ne se lasse pas de leur soumettre la même question : nous ajouterons même, que les tribunaux et surtout la cour de cassation, pris du même vertige d'interprétation, finissent souvent par lui donner raison sur beaucoup de points où elle avait été antérieurement condamnée, de sorte que sur une même question on trouve dans les recueils de nombreux jugements et arrêts pour et contre. Est-ce là ce que devrait être une administration chargée de la perception des impôts ? Sont-ce là les rapports qui doivent exister entre la régie et les contribuables ? Il peut bien se produire quelques fraudes, mais est-il de la dignité d'une grande administration de l'Etat de voir la fraude partout ? Est-il moral, est-il bon, est-il sain, d'ériger en principe que la

fraude est le but de tous les contractants? Et pourquoi ne pas
en revenir purement et simplement à ce principe de droit civil
que la fraude ne se présume pas.

L'Etat n'aurait-il pas plus à gagner en laissant impunies
quelques fraudes, d'ailleurs rares, et non prouvées, que d'ériger en système que la fraude existe partout et de la rendre
même plus fréquente par des rigueurs intempestives et immo-
dérées.

Montesquieu a dit (1) : « Il faut, pour se défendre du trai-
» tant, de grandes connaissances, ces choses étant sujettes à
» des discussions subtiles. Pour lors, le traitant interprète des
» réglements du prince, exerce un pouvoir arbitraire sur les
» fortunes. »

La régie de l'enregistrement remplace aujourd'hui les traitants ; elle tend chaque jour à revenir aux subtilités qu'ils
avaient inventées ; il en sera ainsi tant que nous n'aurons pas
supprimé la multitude d'impôts que comporte notre système
financier, pour le ramener à un impôt unique et d'une perception simple et facile, que tout le monde puisse connaître et
contrôler.

Aujourd'hui l'enregistrement est un des grands obstacles au
développement des affaires ; il est la cause d'une foule de
procès : pour éviter d'être soumis à des perceptions de droits
exagérés, souvent monstrueux, on ne fait pas enregistrer les
transactions ; on les fait rédiger par des gens ignorants, au
lieu de recourir aux fonctionnaires établis pour cela, les notaires, parce que leurs actes devant tous être enregistrés coûtent trop cher. Les actes mal faits, ou dans lesquels on a
cherché pour éviter la perception de droits très-élevés, à présenter les faits sous un jour qui n'est pas absolument le vrai,
qui sont complétés, modifiés ou changés par des contre-lettres,

---

(1) *Esprit des Lois*, Liv, XIII, chap. 9.

donnent lieu à une infinité de procès qui amènent la ruine et le désordre ; et la cause en est dans une perception mauvaise des impôts indirects.

Pourquoi, en effet, cette multitude de droits établis par des lois nombreuses dont la perception est confiée à la régie de l'enregistrement ? Où est leur raison d'être, si ce n'est dans l'arbitraire et le besoin de se procurer de l'argent à tout prix ?

J'achète une propriété, me suis-je enrichi ? Ma situation n'est-elle pas la même que celle d'une personne ayant acheté un ameublement ? Pourquoi dois-je payer un impôt de plus de six pour cent à l'Etat, tandis qu'elle ne doit rien ? J'emprunte de l'argent et je fais à mon créancier une reconnaissance, il ne suffit pas que j'aie besoin d'argent et que je sois assez malheureux pour être obligé de recourir à la bourse d'autrui, il faut encore que je paie à l'Etat un droit d'enregistrement, un droit de timbre ; pourquoi cela ? Je fais un marché, je m'oblige à faire tel travail, pourquoi faut-il, si l'engagement est pris par un acte soumis à l'enregistrement, que je paie des droits exorbitants pour cela ? Certes, tous ces impôts sont condamnés par la raison et il faudra bien qu'un jour ils disparaissent.

Que lorsque j'hérite d'un parent ou d'un étranger, lorsqu'on me donne gratuitement quelque chose, l'Etat m'oblige à lui payer un droit modéré proportionnel, je le comprends, puisqu'il me garantit la possession et la jouissance tranquille et paisible de choses qui m'ont enrichi et auxquelles je n'ai droit qu'en vertu des lois civiles constituant la société dont je fais partie. Mais que, lorsque j'échange mon argent contre un objet quelconque, lorsque je fais un traité avec un de mes concitoyens, je sois obligé de payer un droit proportionnel quelconque, voilà ce que ma raison ne peut concevoir. Je comprends que, si m'adressant à la régie de l'enregistrement, je la prie de conférer à mon acte la certitude de sa date, par une constatation de son existence sur un registre, j'acquitte un droit, équivalent du service rendu, mais non pas un droit proportionnel que rien ne justifie.

Que celui qui s'enrichit acquitte un droit proportionnel, rien de mieux ; que celui qui ne fait qu'un contrat civil ne paie un service que s'il le demande et que le droit à payer soit modéré.

Nous voudrions donc voir l'enregistrement entièrement transformé, et au lieu d'une administration fiscale, n'ayant d'autre but que de percevoir des impôts, réprouvés par la raison et que leur exagération même condamnerait indépendamment de toute autre cause, nous voudrions la voir devenir une administration utile et rendant à la société des services que les citoyens lui paieraient en en usant.

Pour cela, voici comment nous l'organiserions :

Notre nouvelle administration comprendrait l'enregistrement, les hypothèques et le cadastre ; elle aurait un agent dans chaque chef-lieu de canton et voici comment elle fonctionnerait :

Dans le bureau de cet agent seraient déposés les plans et matrices du cadastre de toutes les communes du canton.

Un compte serait ouvert à chaque parcelle du plan ; sur ce compte seraient portés le numéro du plan, la contenance, le revenu de la parcelle, le nom du propriétaire ; on y porterait ensuite et successivement toutes les mutations à titre onéreux avec les prix, ou à titre gratuit, par donation ou succession, les droits réels, servitudes, priviléges, hypothèques qui l'affecteraient.

L'enregistrement et la transcription seraient confondus, et ne formeraient qu'une seule et même chose, consistant en l'annotation faite au compte de chaque parcelle de la mutation, du nom du nouveau propriétaire et du prix, ainsi que des constitutions de servitudes ou de droits réels.

Pour les hypothèques et priviléges, l'acte les constituant serait également enregistré et inscrit d'un seul coup, et l'inscription prise par l'annotation au compte de la parcelle, de l'hypothèque ou du privilége la grévant.

Les actes et jugements contenant mutation d'immeubles, indication de nouveaux propriétaires, constitution de servitudes et de droits réels, d'hypothèques et priviléges, ne seraient admis à l'enregistrement, à la transcription et à l'inscription qu'autant qu'ils contiendraient les numéros du cadastre des parcelles vendues, cédées ou affectées. Tout acte contenant mutation de propriété n'aurait de valeur, à l'égard des tiers, qu'à partir de la transcription.

Les actes des officiers ministériels et les jugements ne seraient enregistrés que lorsqu'ils contiendraient une mutation de propriété immobilière, constitution de droits réels, hypothèque ou privilége. Les actes sous signatures privées, dans les mêmes circonstances, devraient également être enregistrés ; quant à tous les autres actes sous signatures privées, ils ne seraient enregistrés que si les parties jugeaient à propos de leur donner, par ce moyen, une date certaine : un droit fixe, modéré, représentant le service rendu, leur serait dans ce cas, applicable.

Les actes portant mutation de propriétés immobilières, constitution de servitudes ou démembrement de propriété, seraient assujettis à un droit de un pour cent (1 0/0), comprenant la transcription, ceux portant obligation et les jugements contenant condamnation acquitteraient un droit de un pour mille (1 00/00), comprenant les frais d'inscription. Ces droits seraient la représentation du service rendu et comme ce service est proportionnel à l'importance de l'affaire, le droit serait aussi proportionnel.

Les mutations de propriété à titre gratuit, seraient également soumises à un droit proportionnel d'enregistrement et de transcription : droit qui varierait selon le degré de parenté des parties et pourrait être de 50 cent. pour cent (0, 50 0/0) pour les donations et successions en ligne directe ; un pour cent (1 0/0) pour les donations et successions jusqu'au quatrième degré ; un franc 50 centimes pour cent (1, 50 0/0) jusqu'au sixième ; deux pour cent (2 0/0) jusqu'au huitième ; trois pour cent (3 0/0) jusqu'au douzième et quatre pour cent (4 0/0) entre étrangers.

Le mode d'inscription des hypothèques et priviléges au moyen de bordereaux, serait conservé pour mettre à l'abri la responsabilité des agents. L'un des bordereaux serait gardé au bureau et non copié, l'autre serait rendu au créancier avec la mention de l'inscription.

Cette organisation simple et d'un fonctionnement facile, diminuerait, sans aucun doute, dans une proportion considérable les recettes de l'administration de l'enregistrement, tant au point de vue des droits perçus que du débit du papier timbré, mais elle aurait de si grands avantages pour les citoyens, par la simplification des affaires et par l'économie, que nous n'hésitons pas un seul instant à la proposer comme une des plus grandes améliorations possibles de notre organisation sociale. Du reste, elle servirait à réaliser des économies considérables, puisqu'elle supprimerait toutes les conservations des hypothèques, et permettrait de refaire à peu de frais le cadastre : d'ailleurs, l'impôt sur le revenu comblerait le déficit.

Nous croyons devoir signaler ici une partie des avantages qui résulteraient pour les citoyens de cette modification de la régie de l'enregistrement.

D'abord, l'administration n'ayant plus à percevoir que des droits fixes ou proportionnels très-nettement déterminés et tarifés, perdrait cette disposition inquisitoriale, tracassière et vexatoire qui la rend aujourd'hui si impopulaire : du même coup, tous les procès dont elle est la cause ou qu'elle suscite aux contribuables, disparaîtraient. La fraude n'aurait plus de raison d'être et cesserait aussi, car ce qui l'alimente, c'est l'appât d'un gain sérieux ; et quel intérêt aurait-on à frauder l'Etat, quand le droit à éviter serait minime ? Au surplus, la fraude, lorsqu'elle serait prouvée, serait punie par des pénalités sévères qui, en comparaison du faible droit à éviter, la rendraient sans utilité, et, conséquemment, la feraient disparaître.

Les actes gagneraient en clarté et en précision, parce que aucune préoccupation relative à l'économie de droits ne viendrait distraire le rédacteur. L'indication du numéro du cadastre dans toutes les transactions relatives aux mutations de propriété et aux droits réels qui peuvent les affecter, donnerait à l'assiette de la propriété et de ces droits un caractère de solidité et de certitude jusqu'alors inconnu.

Quant aux facilités données aux citoyens pour leurs affaires, nous allons voir qu'elles seraient très-importantes. Aujourd'hui, lorsque vous voulez acheter une propriété, ou accepter une garantie hypothécaire, il vous faut aller au chef-lieu d'arrondissement chercher un état d'inscription, faire pour cela plusieurs lieues, perdre une journée, souvent ne pas pouvoir rapporter encore cet état qu'il faut un certain temps pour préparer ; envoyer votre acte d'acquisition ou d'obligation au bureau des hypothèques ; perdre du temps et de l'argent pour tout cela ; la transcription telle qu'elle est organisée coûte très-cher, surtout depuis quelques années, où un gouvernement qui avait promis de diminuer ces frais a trouvé moyen d'en augmenter le fardeau, par une mesure que nous nous abstiendrons de qualifier, mais qu'il nous semble utile de faire connaître et dont le but unique a été de forcer à dépenser du papier timbré. Lors de toute transcription, le conservateur des hypothèques doit prendre inscription d'office pour sûreté du prix. Supposons une adjudication faite devant notaire à la requête de cinq ou six héritiers ou co-propriétaires à une vingtaine d'acquéreurs. Tout le monde comprendra que lors de la transcription, le conservateur des hypothèques devra libeller sur ses registres les inscriptions d'office de la manière suivante :

Inscription est prise au profit de MM....

En vertu d'un acte reçu par Me......., notaire à ....
le.............

      Contre :

1° M.......   demeurant à......   pour sûreté de

2° M.......

3° M.......

Etc.

Cela serait simple et peu coûteux : mais trop simple et trop peu coûteux pour une administration dont le devoir est de percevoir beaucoup d'argent ; cela ne ferait pas débiter une quantité assez considérable de timbre. Voici donc ce dont s'est avisé cette administration aussi avide qu'ingénieuse.

Il sera rédigé autant d'inscriptions séparées qu'il y a d'acquéreurs ; à chaque inscription on répétera le nom des cinq ou six vendeurs, celui du notaire, la date de son acte, les stipulations relatives aux termes du paiement du prix, des intérêts, d'entrée en jouissance. De cette façon, on débitera vingt ou trente fois autant de papier timbré, la transcription coûtera huit à dix fois aussi cher, le contribuable paiera sans mot dire, n'étant pas initié aux mystères d'un bureau d'hypothèques et l'administration se frottera les mains ; elle aura augmenté dans une notable proportion les droits qu'elle est chargée de percevoir.

Voilà des abus qu'il faut déraciner et faire disparaître. Avec le système que nous proposons, rien de tout cela n'est possible ; la transcription et l'inscription sont faites en une ou deux lignes portées au compte de la parcelle vendue, la spécialité de l'hypothèque n'est plus un vain mot ; les registres sont à la portée de ceux qui ont besoin de les consulter, puisqu'ils se trouvent dans leur canton ; ils n'ont presque aucun frais à faire pour savoir ce qui les intéresse ; la transcription se fait sur le vu de la minute, et l'acheteur d'une parcelle presque sans valeur n'est pas obligé de se faire délivrer une expédition qui augmente le prix de son immeuble. Les frais étant réduits dans une très-notable proportion, la propriété gagne en valeur ce que le fisc y perd : l'impôt perçu par l'Etat est moins élevé, cela est vrai, mais la fortune publique en est accrue.

Nous avons dit que la fraude deviendrait plus rare et plus difficile. D'abord, il est peu probable qu'on la fasse pour le minime intérêt d'éviter le paiement d'un droit de un pour cent ; mais ensuite elle pourra être facilement reconnue si elle se produit, par l'annotation faite au compte de chaque parcelle de sa valeur à ses différentes mutations (et nous voudrions que dans les mutations à titre gratuit, la parcelle soit évaluée en capital et non en revenu comme aujourd'hui). Puis, sans donner à l'administration le droit de rechercher la fraude par des moyens inquisitoriaux et tracassiers, on pourrait imposer à la déclaration inexacte et frauduleuse une pénalité de dix fois le droit, lorsque la fraude serait constatée. Les moyens de constatation seraient les suivants : la reconnaissance dans un acte (liquidation, inventaire, etc.), ou dans un jugement, que le prix serait plus élevé que celui porté dans l'acte de mutation ; la peine de dix fois le droit serait appliquée à l'auteur de la reconnaissance, alors même qu'il ne serait pas l'acquéreur, et sans recours contre celui-ci. La prescription ne serait acquise contre l'administration que vingt ans après l'enregistrement de l'acte de mutation. La crainte du vendeur d'être soumis à cette pénalité dix ans, quinze ans après avoir vendu son immeuble, ferait qu'il ne consentirait pas à se prêter à la fraude sollicitée par l'acquéreur.

Pour les donations ou mutations par succession, la régie

aurait le droit de demander un supplément de droit de cinq pour cent, sur moitié de la valeur déclarée, lorsque cette valeur serait de sept douzièmes au-dessous de la moyenne des prix de vente ou déclarations de valeurs portées au compte de la parcelle.

Jusqu'ici nous n'avons pas parlé du timbre. Cet impôt n'a aucune de nos sympathies ; nous voudrions le voir disparaître. Il est certainement le plus mal assis et le moins proportionnel de tous les impôts, et frappe plus lourdement sur le pauvre que sur le riche : à ce titre, il mérite une condamnation définitive. Si cependant on croit devoir le conserver dans l'état malheureux où se trouve la France, nous voudrions le voir réduit dans une notable proportion ; nous voudrions surtout voir abroger sans retard, ces réglements absurdes qui défendent de mettre sur une feuille de papier timbré plus d'un certain nombre de syllabes, plus d'un certain nombre de lignes. Peut-on concevoir rien de plus inique que ces dispositions, qui font qu'après que l'Etat vous a vendu une feuille de papier, il vous défend d'en user : vous avez une feuille sur laquelle vous pourriez écrire facilement, d'une écriture très-lisible, quarante ou cinquante lignes, et il ne vous sera permis d'en mettre que quinze ou vingt-cinq, et chacune de ces lignes ne devra contenir que dix à quinze syllabes ! C'est le comble de l'absurdité et même de l'hypocrisie. Ayez donc le courage de dire qu'on devra acheter du papier et qu'on sera obligé de le déchirer. Cette disposition a été motivée sur un prétendu intérêt des parties, c'est afin que l'on puisse plus facilement lire ce qui est écrit sur ce papier, a-t-on dit, que l'on a limité le nombre de syllabes et de lignes. Or, cette écriture étendue est presque toujours parfaitement illisible. Obligez les officiers ministériels à écrire leurs actes et surtout les copies d'une manière très-lisible ; punissez-les d'amendes si l'acte n'est pas lisible, rien de mieux et j'y applaudis de grand cœur, mais laissez-les utiliser le pa-

pier que vous leur vendez si cher, et y mettre le nombre de
lignes qu'ils pourront sans nuire à la facilité de la lecture.

Bien entendu, ce seront les citoyens et non pas les officiers
ministériels qui gagneront à cette réforme, puisque ce sont
eux qui remboursent à l'officier ministériel le papier employé.

Quant au timbre proportionnel sur les effets de commerce et
autres, naturellement nous le comprenons dans la même ré-
probation ; mais, si on croit devoir le maintenir, nous voudrions voir établir le même tarif pour les billets civils que pour
les billets de commerce : nous ne pouvons nous expliquer la
différence entre ces deux genres d'effets, et nous ne comprenons pas pourquoi les opérations civiles sont mises au point
de vue de l'impôt sur un autre pied que les opérations commerciales. Un négociant, en faisant son commerce, cherche à
gagner de l'argent, un citoyen non commerçant qui fait ses
affaires, cherche à gagner de l'argent ou à faire fructifier celui
qu'il a acquis, pourquoi faire une différence entre deux opérations identiques.

IMPOT DIRECT.

L'impôt, avons-nous dit, ne doit être qu'une sorte de cotisation de sociétaires qui s'assurent ainsi les avantages de la
vie sociale ; cette cotisation doit être payée annuellement, c'est
un abonnement. Il résulte de ces deux termes que l'impôt doit
être unique, et qu'il est une charge du revenu : ce qui nous
conduit à cette conséquence qu'il doit être établi sur le revenu, provenant soit du travail ou de l'industrie, soit du produit
des capitaux. Chacun des sociétaires ayant dans les avantages
de la société un intérêt proportionnel à sa fortune, doit avoir

dans les charges une part proportionnelle à cet intérêt : c'est-à-dire que l'impôt ou la cotisation doit être proportionnel à la fortune du citoyen, et comme cet intérêt grandit avec la fortune, puisque le risque et par conséquent l'assurance grandit avec l'importance de la chose assurée, l'impôt doit être progressif.

Ces principes nous semblent tellement évidents, qu'il ne nous paraît pas utile de nous y appesantir davantage, et que nous croyons qu'ils seront facilement admis par toutes les personnes voulant se donner la peine de réfléchir mûrement à la manière d'asseoir l'impôt dans une société bien organisée.

L'idéal de l'impôt ou de la contribution sociale est donc d'être unique, proportionnel à la fortune de l'associé et progressif.

Que nous sommes loin aujourd'hui de cet idéal ! et s'il n'est pas facile de l'atteindre, si l'assiette d'un pareil impôt présente de nombreuses et graves difficultés, quelle immense distance n'y a-t-il pas entre cette perfection idéale et l'état actuel de nos taxes si diverses, qui malheureusement ne s'appliquent pas à une très-notable partie de la fortune des particuliers et notamment à celle qui est plus particulièrement possédée par les gens riches. Depuis un certain nombre d'années, on a cherché à faire atteindre par l'impôt quelques valeurs mobilières qui y avaient échappé jusqu'alors : les actions, les obligations de compagnies industrielles et commerciales ont été frappées d'un droit de transmission qui se paie au moyen d'une retenue sur les dividendes et intérêts. Mais comme nous vivions sous un régime de privilège, une certaine quantité de valeurs ont été affranchies de l'impôt, sous prétexte de favoriser les entreprises qu'elles avaient pour objet. C'est ainsi que les obligations du Crédit foncier, celles de la Société Générale Algérienne ont été dispensées d'acquitter un impôt. Or ces sociétés, la première surtout, avaient atteint un degré de prospérité, qui fait assez voir qu'on avait eu, en les affranchissant de l'impôt, un autre but que celui de faciliter leurs opérations.

Une autre valeur a jusqu'à présent été affranchie de l'impôt, excepté de celui des mutations par décès : c'est la Rente sur l'Etat. Bien des fois déjà on a demandé que la rente fût, comme les autres parties de la fortune des particuliers, assujettie à une taxe. La principale objection, celle qui a toujours triomphé, et qui a empêché l'impôt de lui être appliqué, c'est qu'il répugne à toute idée de justice, que l'Etat, débiteur, fasse payer un impôt à son créancier. C'est là une de ces objections qui n'auraient jamais dû se produire et encore moins être acceptée, si on s'était souvenu de ce que c'est que l'impôt, c'est-à-dire une cotisation et une assurance. Est-ce que dans une société industrielle et commerciale, l'actionnaire ou le sociétaire peut être dispensé des charges de la société, par cela qu'il se trouverait en être le créancier? Et si l'impôt n'est qu'une cotisation, pourquoi telle nature de valeur, et précisément celle qui est la plus liée à la prospérité de la société, en serait-elle dispensée? D'ailleurs, cette objection repose sur une erreur fâcheuse que ceux qui la défendent propagent peut-être (et il faut l'espérer) sans s'en douter : c'est que l'Etat et les citoyens sont des antagonistes ; que l'Etat est un ennemi contre lequel chaque citoyen doit se défendre. Et cette funeste idée, est malheureusement si profondément enracinée dans notre pays, qu'elle est très-probablement la cause de la disposition trop générale d'une quantité de contribuables à frauder sur les impôts. L'antagonisme de l'Etat et des citoyens, qui fait que ceux-ci se tiennent constamment en défense contre celui-là, a pris naissance dans notre ancien gouvernement monarchique. Alors l'Etat était en quelque sorte l'ennemi des particuliers; l'Etat c'était le roi; les impôts que l'on payait, c'était pour le roi : on ne voyait pas clairement la société profiter

des charges imposées aux citoyens ; et puis, c'était l'époque
de la ferme des impôts : les traitants agissaient en leur nom
et pour eux-mêmes ; ils représentaient le roi ou l'Etat, et le
peuple qui leur versait le produit de son labeur, les avait pris
en haine et naturellement confondait l'Etat avec eux dans son
aversion.

Il en doit être autrement aujourd'hui, que le malentendu
s'est dissipé. L'Etat c'est la société, c'est l'ensemble des citoyens ; lorsque ceux-ci paient un impôt ou une cotisation à
l'Etat, c'est à eux-mêmes qu'ils le paient ; mais il faut pour
cela que le gouvernement du pays par le pays ne soit pas un
vain mot, il faut surtout qu'il n'y ait pas de dépenses inutiles
et vaines et que l'impôt ne soit pas détourné de sa destination
véritable, c'est-à-dire le paiement de ce qui est indispensable
pour gouverner et administrer. Si l'Etat est débiteur de la
rente, au moyen de laquelle il s'est procuré les fonds dont il
a besoin, le citoyen porteur de cette rente n'en est pas moins
membre de la société à laquelle il doit, comme tout autre, son
concours pour l'aider à supporter ses charges : et ce concours,
il le lui doit dans la proportion de son intérêt, c'est-à-dire en
raison de l'importance de sa fortune, et il n'y a pas à s'inquié-
ter de savoir si une partie de cette fortune se compose d'une
créance contre l'Etat, contre la société dont il fait partie.

La conclusion à tirer de tout ceci, c'est que chaque citoyen
doit concourir aux charges de l'Etat ou de la société dans la
proportion de son intérêt, c'est-à-dire de sa fortune ; qu'aucune partie de cette fortune ne peut être soustraite à cette
obligation ; et comme l'impôt est une charge annuelle, se re-
produisant périodiquement et chaque année, c'est le revenu
qui doit en être affecté, de même que dans toute maison bien
organisée, les charges périodiques et annuelles se prennent
sur le revenu.

Mais, dira-t-on, comment établir cet impôt sur le revenu?

Sur quelles bases le percevra-t-on? Je n'hésite pas à proposer la déclaration du contribuable comme devant servir à déterminer l'assiette de cet impôt. J'entends de toutes parts s'écrier : Mais les déclarations seront inexactes ! Eh bien, non ! je ne crois pas que les déclarations seront aussi peu sincères que beaucoup peuvent se l'imaginer. D'abord, la confiance appelle la confiance ; en témoigner aux contribuables, ce serait les engager à être eux-mêmes sincères et véridiques ; et puis, ne peut-on pas espérer que les Français finiront par comprendre que l'impôt payé à l'Etat, qui, en définitive est eux-mêmes, doit l'être en raison de la fortune de chacun, et que tromper en cette matière, c'est voler? D'un autre côté, nous n'entendons pas laisser sans punition les déclarations fausses. Nous voudrions même une pénalité pécuniaire sévère, et, en outre, une peine morale qui aurait bien sa valeur. Le nom de tout contribuable reconnu coupable d'une fausse déclaration de revenu, serait, pendant une année, affiché à la mairie de son domicile, dans un lieu spécialement destiné à cet effet, et lui-même puni de la perte de certains droits.

D'ailleurs cette idée de prendre pour base de l'impôt la déclaration du contribuable n'est pas absolument neuve : les droits de mutation par décès sur les successions sont perçus sur la déclaration de l'héritier. Je ne dirai pas qu'il ne se produit pas des déclarations fausses et mensongères, ce serait nier l'évidence ; mais ces déclarations inexactes sont moins nombreuses qu'on ne le croit généralement, et on peut raisonnablement espérer que le nombre irait chaque jour en diminuant si nous avions un sage gouvernement du pays par lui-même, qui s'attachât à faire voir aux populations que le produit de l'impôt n'est pas détourné de sa destination, les services publics, et ne tolérât aucune dépense inutile. Si le contribuable était bien persuadé que l'argent, provenant de ses contributions, n'est employé qu'à des dépenses utiles et nécessaires, il serait moins disposé à frauder, les fausses déclarations deviendraient rares. Prétendre qu'elles disparaîtront complétement serait mal connaître les hommes, et nous ne tomberons pas dans cette erreur. Nous croyons qu'il y aura toujours des fraudes, parce qu'il y aura toujours des hommes égoïstes et avides ; mais nous croyons aussi qu'on en verra le nombre et l'importance diminuer ; et d'ailleurs nous ne conseillons pas de les laisser impunies lorsqu'elles seront prouvées d'une manière complète ; seulement nous ne voulons pas de moyens de preuves inquisitoriaux et vexatoires.

Ainsi donc la base de l'assiette de l'impôt sur le revenu, serait la déclaration. Le contribuable déclarerait chaque année à la mairie de son domicile, quel est son revenu de toute nature, produit de son travail ou de son commerce et de son industrie, rentes de capitaux mobiliers ou d'immeubles, etc. ; il aurait le droit de déduire de ce revenu les frais d'exploitation, les salaires d'ouvriers, intérêts des capitaux engagés, des dettes hypothécaires, des prix d'immeubles, mais non les frais de son entretien, de sa maison ; de sorte que le revenu qui servirait de base serait presque le revenu net. Le conseil municipal serait appelé à donner son avis sur la sincérité apparente de la déclaration ; si le conseil suspectait l'exactitude d'une déclaration, celui qui l'aurait faite serait appelé à fournir des explications devant une commission émanée du conseil. L'inexactitude de la déclaration, ne pourrait résulter que de pièces écrites et non de présomptions plus ou moins fondées. Ainsi un inventaire après décès, un contrat de mariage, des actes contenant donations, baux, comptes de tutelle, transactions, des jugements, etc., seraient les moyens de preuve que pourraient invoquer les agents des contributions. La fausse déclaration pourrait être prouvée pendant cinq années à partir de sa date : il serait admis une tolérance de un dixième pour les propriétaires ou rentiers, de deux dixièmes pour le commerce, l'industrie, les professions : de sorte que la déclaration qui serait moindre des neuf dixièmes ou des huit dixièmes d'après la distinction ci-dessus, du revenu réel, serait seule réputée fausse : les tribunaux ordinaires seraient appelés à juger si la déclaration doit être réputée fausse, et, en cas d'affirmative, ils condamneraient le déclarant de qui elle émanerait à payer à l'Etat une amende égale à dix fois l'impôt frustré ; de plus, ils pourraient ordonner que son nom resterait affiché pendant un temps variant d'un mois à deux ans, dans un tableau placé à la porte de la mairie de son domicile dans un lieu très-apparent, et que le condamné perdrait pour un certain temps ses droits civiques : le droit de vote, celui d'éligibilité, etc.

Si la déclaration paraissait tellement peu sincère, que le conseil municipal à l'unanimité fût d'avis qu'elle est suspecte d'inexactitude considérable, les agents du fisc seraient admis à poursuivre le contribuable suspect et à prouver par tous les moyens de preuve autorisés en droit civil, la fausseté de sa déclaration.

L'impôt sur le revenu est déjà appliqué dans certaines parties de l'Allemagne, et il y fonctionne régulièrement et à la satisfaction générale ; ce ne sera pas une des dernières choses que nous aurons à emprunter à nos ennemis. Dans ces contrées, c'est aussi sur la déclaration du contribuable qu'est établi l'impôt : et nous croyons que c'est là, en effet, la meilleure base sur laquelle on puisse le fixer.

On a fait contre l'impôt sur le revenu diverses objections, que nous allons successivement examiner ¡et auxquelles nous répondrons d'une manière, espérons-nous, satisfaisante.

La première, c'est que les déclarations seront fausses ; nous ne nions pas que, surtout dans les premiers temps de l'établissement de l'impôt sur le revenu, il pourra y avoir, il y aura de fausses déclarations, tant est enracinée, dans notre pays, l'habitude de considérer l'Etat comme un ennemi public dont il faut se défendre par tous les moyens, *per fas et nefas*; mais, peu à peu, les citoyens s'habitueront à se considérer comme constituant eux-mêmes l'Etat, et, n'ayant plus intérêt à frauder; ils reconnaîtront que ne pas payer sa contribution est une aussi méchante action que de voler son prochain, et enfin, les pénalités que nous avons indiquées ci-dessus pour le cas où les déclarations seraient reconnues fausses, inspireraient, croyons-nous, une crainte salutaire et suffisante pour détourner de la fraude les citoyens que leur conscience n'arrêterait pas.

Une autre objection, c'est que la déclaration sincère de son revenu pourrait porter atteinte au crédit et à la considération du déclarant. Nous avouons être très peu touchés de cette objection. En effet, de deux choses l'une, ou le déclarant a réellement la position qu'on lui suppose et il possède la fortune que le public lui attribue et sur laquelle est fondé son crédit, et alors sa déclaration ne fera que corroborer la bonne opinion qu'on a de lui; ou bien le public se trompe en ayant en lui une confiance que ne justifie pas sa position véritable; dans ce cas, s'il déclare sincèrement ce qu'il a, on pourra supposer qu'il a fait une fausse déclaration, ou bien on reconnaîtra que sa fortune n'a pas l'importance qu'on lui prêtait, et alors, en effet, son crédit pourrait bien en être diminué, et même sa considération, puisque, malheureusement, la considération se mesure trop souvent sur la fortune et non sur la valeur de l'homme. Mais, en vérité, où sera le malheur public en cela ? Un homme qui n'inspirait qu'un crédit faux et non solidement établi verra diminuer la confiance trop grande que l'on avait en lui, eh bien ! tant mieux : il y aura moins de chance pour qu'il fasse des dupes, et je ne vois pas trop ce que le public y perdra; je serais plutôt tenté de croire qu'il y gagnera. Quant à lui, il aura sans doute le désagrément de passer pour moins riche qu'on ne le supposait, mais cela nous paraît assez peu digne d'intérêt et ne peut empêcher une réforme urgente et bonne. Au surplus, il paraît que dans les pays où l'impôt sur le revenu est en vigueur, on sait parfaitement déjouer cet inconvénient en faisant une déclaration de revenu supérieur au revenu véritable : par là on s'affranchit, en payant un supplément d'impôt, de l'obligation de faire connaître une position qu'on trouve trop modeste, et on conserve ainsi la considération qui s'attache à la fortune. Ce n'est pas que nous approuvions ce mode de procéder, puisqu'il peut servir à tromper le public, mais il n'a pas plus d'inconvénients que l'ignorance où les défenseurs de l'objection veulent maintenir le public sur la position véritable des citoyens avec lesquels il peut avoir à traiter.

On fait aussi une objection contre l'impôt progressif : on dit : nous voulons bien accepter l'impôt sur le revenu, il nous paraît bon et juste ; mais l'impôt progressif cesse d'être juste : pourquoi faire payer au citoyen un tant pour cent d'autant plus fort que sa fortune est plus considérable ; qu'il paie plus puisqu'il est plus riche, cela est juste et équitable, mais pourquoi changer le taux de l'impôt sur son revenu à mesure que ce revenu est plus élevé ?

Nous répondons : s'il est juste que tout membre de la société paie sa contribution sociale, il faut aussi que cette contribution soit assez modérée pour que le citoyen manquant même du nécessaire puisse l'acquitter, et, pour parvenir à ce résultat, il est indispensable que le taux, au moins pour les citoyens les moins aisés, pour ceux qui n'ont d'autres ressources que leur travail, soit le plus faible possible. Si ce même taux est applicable aux personnes vivant du revenu de leurs capitaux, il sera évidemment trop modéré, sera presque insignifiant et ne produira rien. Il est donc indispensable que, au moins à la base, l'impôt soit progressif, et que son taux soit élevé en passant des travailleurs vivant au jour le jour aux citoyens aisés et riches. D'un autre côté, si un impôt de un pour cent par exemple est déjà d'un certain poids pour l'homme qui n'a que 1,000 francs de revenu, qu'est-ce pour un revenu de 20,000 francs ? Pour proportionner la charge de l'impôt du revenu aux forces des citoyens, il paraît donc nécessaire d'élever progressivement le taux ou tant pour cent à mesure que grandit le revenu à imposer. Plus le revenu est élevé, plus celui qui le possède a de superflu, tandis que si le revenu est modique, le superflu n'existe pas. Donc, pour le riche, il sera moins onéreux de payer 4 ou 5 pour cent de son revenu que pour le pauvre de payer un pour cent.

Nous considérons, en conséquence, comme à peu près impossible d'établir l'impôt sur le revenu, sans le rendre en même temps progressif. Toutefois, nous admettrions qu'arrivée à une certaine limite, la progression s'arrêtât, parce qu'il en est du principe de la progression comme d'une infinité d'autres, on pourrait, en le poussant à ses conséquences extrêmes, arriver à l'absurde, ou, tout au moins, à une exagération irréalisable.

Nous pensons que l'impôt sur le revenu, progressif, pourrait être établi dans les proportions suivantes :

Les citoyens n'arrivant à se procurer par leur travail, leur industrie ou les arrérages de leurs capitaux, que 600 francs par an au moins, paieraient un quart de franc par cent. Ceux qui auraient de 601 francs à 1,200 francs, un demi-franc pour cent sur l'excédent des 600 francs.

De	1,201 à	3,000 fr.	—	1 %	sur l'excédent de	1,200 fr.
De	3,001 à	10,000 fr.	—	2 %	id.	3,000 fr.
De	10,001 à	20,000 fr.	—	3 %	id.	10,000 fr.
De	20,001 à	50,000 fr.	—	4 %	id,	20,000 fr.
De	50,001 à	100,000 fr.	—	5 %	id.	50,000 fr.

De 100,001 à 150,000 fr. — 6 %   id.   100,000 fr.
De 150,001 à 200,000 fr. — 7 %   id.   150,001 fr.
De 200,001 à 250,000 fr. — 8 %   id.   200,000 fr.
De 250,001 à 300,000 fr. — 9 %   id.   250,000 fr.
Au-dessus de 300,000 fr. — 10 %   id.   300,000 fr.

Ainsi :

Celui qui aurait   600 fr. de revenu paierait   1 fr. 50.
Celui qui aurait   1,200 fr.   id.   id.   4 fr. 50.
Celui qui aurait   3,000 fr.   id.   id.   22 fr. 50.
Celui qui aurait   50,000 fr.   id.   id.   1,662 fr. 50.
Celui qui aurait 300,000 fr.   id.   id.   19,162 fr. 50.

Nous ne donnons ces chiffres qu'à titre d'exemple, et pour faire comprendre l'économie de l'impôt progressif sur le revenu ; mais ils pourraient parfaitement être modifiés d'après l'expérience ou les nécessités.

Les étrangers résidant en France seraient soumis à l'impôt sur le revenu : jouissant des avantages de notre vie sociale, il est juste qu'ils en supportent les charges.

Le produit de l'impôt sur le revenu serait réparti entre l'Etat, les Départements et les Communes. Cette répartition se ferait en ayant égard à la résidence du contribuable et à la situation des immeubles lui appartenant, en sorte que, une part de son impôt serait attribuée à la commune de sa résidence et une part aux communes sur les territoires desquelles il possèderait des immeubles ; ces parts seraient proportionnelles aux revenus des immeubles eu égard au revenu total. Le contribuable, en faisant sa déclaration de revenu, indiquerait s'il possède des immeubles dans d'autres communes que celle de sa résidence, et pour quelle somme le produit de ces immeubles est compris dans son revenu total. La répartition du produit de l'impôt entre l'Etat, les Départements et les Communes serait faite par le Conseil général.

ADMINISTRATION DE LA JUSTICE.

Un des plus impérieux besoins de la vie sociale, c'est que chacun des membres de la société puisse se faire rendre justice. Tout membre d'une société a des droits : il a aussi des devoirs. Ses droits sont nécessairement limités par ses devoirs, ainsi que par les droits des autres membres, et par ceux de la société : les droits sont toujours corrélatifs de devoirs, et l'on ne saurait prétendre réclamer ses droits sans accomplir en même temps ses devoirs. La tâche de la justice est de faire respecter les droits de chacun, et de lui imposer d'un autre côté, l'obligation de remplir ses devoirs, tant envers les autres citoyens qu'envers la société. La justice doit donc être d'un accès facile à tous ; elle doit être aussi prompte que possible, elle doit être gratuite pour que chacun puisse y avoir recours sans charges onéreuses. Le principe de la gratuité existe dans notre société : malheureusement, de même qu'il y a loin de la coupe aux lèvres, il y a loin du principe à l'application. Et pourtant le magistrat reçoit son traitement de l'Etat, et le justiciable ne lui doit aucun honoraire. Mais il se trouve entre le citoyen et le juge des intermédiaires obligés ; il y a en outre le Trésor : il y a les formes de la procédure introduites pour éclairer la justice ; et tout cela entraîne des lenteurs et des frais considérables. Nous avons, en France, des justices de toute sorte : Nous avons la justice administrative, la justice commerciale, la justice civile : la justice commerciale ne peut, dit-on, se plier aux formes lentes et méticuleuses de la justice civile : il lui faut des allures plus rapides, des formes plus sommaires, plus expéditives ; et on a institué des tribunaux de commerce : et l'on n'a pas remarqué que cette institution des tribunaux de commerce est une critique des tribunaux et de la procédure civile. Quoi, vous avez des tribunaux établis pour juger les citoyens, et une partie de ces citoyens, et une certaine classe d'affaires ne peuvent être jugés par ces tribunaux! vous êtes obligés de créer des tribunaux et une procédure particulière pour cette classe de citoyens, pour cette sorte d'affaires, parce que la procédure de vos tribunaux ordinaires est trop lente, trop dispendieuse! Quelle conclusion tirer de là? C'est qu'il faut absolument simplifier les formes, modifier la procédure et l'alléger de tout ce qui l'entrave et l'embarrasse, la rend coûteuse et onéreuse et qui n'est pas absolument nécessaire ou indispensable.

Le Code de Procédure est donc, selon nous, entièrement à refaire, et, si l'on tient absolument à conserver la distinction des affaires civiles et des affaires commerciales, il faut prendre pour modèle la procédure commerciale et se rapprocher dans la procédure civile le plus possible de la simplicité de celle-ci.

Il ne peut entrer dans notre plan de faire en détail la critique du code de procédure : il faudrait pour cela des volumes ; qu'il nous suffise d'appeler surtout l'attention sur les parties les plus critiquables de ce code : les significations de requêtes et conclusions, que personne ne lit, et qui sont la source d'abus généralement connus et de frais incalculables; les remises de causes qui éternisent les procès ; toutes les exceptions, les causes de nullité, qui semblent avoir été introduites dans la procédure, bien plus dans l'intérêt des gens de mauvaise foi, que pour éclairer le justice ; l'exécution des jugements, les saisies et expropriations, hérissées de lenteurs et de formes coûteuses, et qu'on croirait avoir été inventées pour arrêter l'action de la justice; les ventes de biens des incapables, tellement ordonnées que, pour les petites affaires, le recours à la voie judiciaire amène la perte souvent complète des biens à vendre, en frais de justice ; les ordres et contributions, qui malgré quelques améliorations apportées depuis peu, sont encore beaucoup trop onéreux et trop lents ; les partages dans lesquels il y aurait tant à simplifier.

Pour modifier utilement la procédure, il faudrait adopter ce principe, que les incapables seront beaucoup mieux protégés par leurs proches, par leurs conseils de famille, sous la surveillance d'un magistrat local, que par le tribunal de leur arrondissement : il faudrait faire disparaître de nos lois ce principe sur lequel un grand nombre se sont appuyées, que le débiteur est une victime, et que la justice doit le défendre contre l'injuste avidité de son créancier. Ce principe, qui nous vient du moyen-âge, et dont il reste trop de traces dans nos lois de procédure, pouvait être vrai à une certaine époque de notre histoire, et s'il a pu être bon dans ces temps d'offrir au débiteur une protection excessive, pour qu'il ne fût pas injustement et brutalement dépouillé, il est temps de reconnaître que le créancier n'est plus, de nos jours, cet être sans entrailles et sans commisération, ce vautour qui nous a été tant de fois représenté, mais qu'il est, au contraire, le plus souvent victime de la mauvaise foi de son débiteur, se retranchant dans les lenteurs et dans les exceptions pour ne pas exécuter son engagement. D'autres idées, d'autres besoins se sont introduits dans notre société moderne : au lieu de ce culte pour l'immobilisation de la propriété, qui était un caractère des siècles passés, les mœurs modifiées font au contraire désirer en tout une mobilité, dont les chemins de fer sont le symbole, une facilité de réalisation de la valeur immobilière, qui lui rende la faveur qu'elle a perdue. — Pourquoi recherche-t-on autant les valeurs mobilières, les papiers de Bourse, et s'éloigne-t-on autant de la possession de la terre? Pourquoi la terre trouve-t-elle si difficilement à emprunter aujourd'hui? C'est que, pour réaliser sa valeur, il faut un temps long et des formalités coûteuses ; c'est que, pour se faire payer par un débiteur hypothécaire, il faudra un procès en expropriation, long, périlleux, surchargé d'incidents et de frais, qui, si la mauvaise foi s'en mêle, s'éternisera et mettra en danger, malgré toutes les précautions prises, la créance du prêteur. Etonnez-vous donc de voir le capitaliste fuir un placement qui ne lui offre en perspective qu'ennuis et lenteurs, lorsqu'il s'agira de réaliser son gage, et se tourner de préférence vers les valeurs commerciales et industrielles, qui, si elles lui offrent peut-être un peu moins de solidité, (ce qui n'est pas toujours vrai avec notre système actuel de procédure et d'hypothèques), lui donnent au moins de grandes facilités de remboursement, par la rapidité et la simplicité de la procédure commerciale.

Si on veut sincèrement relever le Crédit foncier, surtout pour les petites affaires, et assurer à la terre le crédit auquel lui donne légitimement droit sa solidité, il faut absolument simplifier les formes de la vente des biens et de l'expropriation ; il faut surtout que la loi de procédure ne soit pas un abri pour les gens de mauvaise foi, et qu'elle ne puisse plus être comparée à un filet dont les mailles sont des entraves pour les honnêtes gens, mais laissent de libres allures aux fripons.

Nos lois de procédure ont en général été faites en vue des grandes affaires ; elles ont été préparées par des théoriciens capables et instruits, mais qui ne s'étaient jamais trouvés aux prises avec les difficultés de la pratique, et surtout la pratique des petites affaires, de beaucoup les plus nombreuses, et qui, en raison même de leur minime importance, exigent de la célérité et des formes peu coûteuses.

Une des grandes causes de l'énormité des frais, ce sont les droits d'enregistrement, de greffe et de timbre. Ces droits sont infiniment trop élevés et il semble que l'Etat ait voulu reprendre d'une main ce qu'il donnait de l'autre. On a posé en principe la gratuité de la justice, puis, sous forme de droits d'enregistrement, de timbre, de greffe, on a fait de la justice la chose la plus coûteuse à se procurer. N'est-il pas absurde par exemple d'exiger que sur une feuille de timbre de 29 centimètres de long sur 20 centimètres de large, il ne soit permis d'écrire que vingt lignes et qu'il soit défendu de mettre plus de douze syllabes dans la ligne? De deux choses l'une : ou la justice est gratuite, ou elle ne l'est pas : si vous annoncez une justice gratuite, donnez-la ; pas d'hypocrisie, si vous voulez percevoir sur les plaideurs un impôt énorme, ayez la bonne foi de rayer de vos constitutions le principe de la gratuité de la justice.

La loi fiscale, comme la loi de procédure, aurait besoin d'être aussi revue et modifiée ; et si nos nécessités financières ne permettent pas en ce moment de faire d'une main hardie, de larges coupures dans le tarif des droits d'enregistrement, de timbre et de greffe, nous ne nous lasserons pas de demander que, dès que les circonstances le permettront, ces droits soient ramenés à des proportions raisonnables.

Nous considérons donc en résumé que le code de procédure devrait être refait dans son entier; mais nous ne chargerions de préparer le nouveau code ni des conseillers d'Etat connaissant trop peu la pratique des affaires, ni des praticiens de Paris ou des grandes villes; nous voudrions voir le projet élaboré par des officiers ministériels habitués à traiter les petites affaires, qui ayant été constamment aux prises avec les difficultés créées par le code actuel, sauraient éviter les inconvénients des lois préparées par des gens trop peu pratiques.

Mais nous ne composerions pas la commission exclusivement de ces praticiens, nous leur adjoindrions quelques théoriciens et des hommes mêlés à la pratique des grandes affaires. De plus nous ferions appel à toutes les lumières et inviterions tous ceux qui ont réfléchi sur ces matières à donner leurs avis et leurs conseils.

La réforme de la procédure n'est pas, selon nous, suffisante pour donner à notre société une justice prompte et peu coûteuse : nous voudrions voir modifier la compétence de diverses juridictions. Ainsi les juges de paix, qui sont aujourd'hui des hommes éclairés, et dont on pourrait encore exiger plus de connaissances, pourraient avec grand avantage être appelés à décider un plus grand nombre d'affaires. Pourquoi ne connaîtraient-ils pas sans appel des affaires jusqu'à 500 fr. et même un peu plus haut, et en premier ressort jusqu'à 1,200 ou 1,500? Lorsque leur compétence a été réglée, la valeur de l'argent était beaucoup moindre qu'à présent et leur capacité peu élevée. Ces magistrats étaient des juges de famille, leur rôle se rapprochait beaucoup de celui des prud'hommes, c'était en quelque sorte des arbitres : on les prenait au milieu des populations et leurs connaissances en droit étaient très-limitées; il était juste qu'on ne leur confiât que des choses minimes. Mais aujourd'hui que les juges de paix sont et pourraient encore à un plus haut degré être des hommes instruits en connaissances juridiques, pourquoi ne pas étendre leur compétence et rendre ainsi la justice plus facile, plus prompte et moins coûteuse? Tout en restant un magistrat de famille, le juge de paix deviendrait un juge local appelé à rendre les plus grands services aux populations. Cette réforme permettrait d'un autre côté de diminuer le nombre des magistrats de certains tribunaux, nombre qui est souvent hors de proportion avec celui des affaires à juger?

Et maintenant, quelles conditions doit remplir le magistrat pour assurer aux citoyens une bonne et prompte justice? Le magistrat doit être honnête homme, instruit, impartial, indépendant, libre de tout souci autre que celui de remplir avec conscience et probité sa délicate fonction : il faut qu'il n'ait sur sa position, sur son avenir, aucune inquiétude de nature à troubler son jugement, à compromettre son impartialité. On a cru répondre à toutes ces exigences en déclarant le magistrat inamovible dans sa fonction.

Mais c'est là une garantie tout-à-fait insuffisante : tant que le pouvoir exécutif nommera le magistrat, tant qu'il sera le dispensateur de l'avancement dans la carrière, et par conséquent, de la récompense, on ne pourra pas dire que l'on a assuré l'indépendance de la magistrature vis-à-vis du pouvoir. Le public pourra toujours supposer que sa nomination est due à l'intrigue ou à l'abus des faveurs et du népotisme, que l'avancement est la récompense de certains services : et la magistrature doit être à l'abri de tout soupçon de cette nature. Le juge ne doit pas plus dépendre du pouvoir que du justiciable : sa nomination, son avancement dans la hiérarchie, doivent être la récompense de son seul mérite, de sa valeur personnelle constatée et reconnue.

Pour obtenir ce résultat, voici le mode de nomination que nous proposons :

Nous maintenons d'abord toutes les positions acquises et n'apportons aucun trouble dans ce qui existe : nous conservons l'inamovibilité du magistrat, qui ne pourra être privé de sa fonction que par un jugement, rendu par un tribunal supérieur à celui auquel il appartient.

Les juges de paix seraient nommés, après examen, par une Commission composée du président du tribunal civil de l'arrondissement, du président de la Chambre des notaires, du président de la Chambre des avoués, du bâtonnier de l'Ordre des avocats, s'il y en a, et du Procureur de la République. Seraient seuls admis à se présenter devant cette Commission les licenciés en Droit et les anciens notaires ou avoués ayant exercé leurs fonctions pendant dix ans au moins, et les personnes pourvues d'un diplôme de capacité délivré par une école de Droit. Les suppléants seraient nommés de la même manière, mais ne devraient pas nécessairement remplir les conditions ci-dessus pour être admis à subir l'examen.

Cet examen ne devrait pas seulement porter sur les conditions d'aptitude scientifique ; la Commission aurait à se renseigner sur la moralité et l'honorabilité des candidats.

Les juges près les tribunaux de première instance seraient nommés, après examen, parmi les suppléants ayant au moins deux ans de fonctions, et les juges de paix ayant quatre ans d'exercice, par une Commission composée du président de la Cour, du Procureur général ou leurs délégués, du Président et du Procureur de la République du tribunal de première instance, des présidents des Chambres de notaires et d'avoués, du bâtonnier de l'Ordre des avocats, du président du tribunal de commerce, d'un juge de paix de l'arrondissement, délégué par ses confrères.

Les suppléants seraient nommés par la même Commission, après examen, parmi les licenciés en Droit.

Les conseillers à la Cour d'appel seraient pris parmi les juges du ressort ayant siégé au moins six ans et élus par une Commission composée de tous les magistrats de la Cour, les présidents des tribunaux civils et de commerce, les procureurs de la République des tribunaux, les présidents des Chambres de notaires et avoués, les bâtonniers des Ordres des avocats de tout le ressort et un délégué des juges de paix par arrondissement. Les présidents seraient élus par la même Commission et pris parmi les conseillers et les présidents des tribunaux du ressort en fonctions depuis au moins six ans. Le premier président serait élu de la même manière et pris parmi les présidents de Chambre ayant trois ans de fonctions.

Les présidents et vice-présidents des tribunaux de première instance seraient nommés par une Commission composée des Membres du tribunal, des présidents des Chambres des notaires et avoués, bâtonnier des avocats, les juges de paix, le président du tribunal de commerce. Ils pourraient être pris parmi les Membres de tous les tribunaux du ressort de la Cour d'appel.

Les Membres des Parquets resteraient amovibles et seraient nommés par le pouvoir : ils pourraient être choisis pour juges et conseillers par les Commissions sus-indiquées, après avoir exercé trois ans.

La compétence des juges de paix étant notablement augmentée, le nombre des tribunaux civils pourrait peut-être être diminué, ainsi que celui des Cours d'appel.

Le mode de nomination des magistrats des tribunaux de commerce serait celui adopté par les lois antérieures à 1852.

Ce n'est pas seulement pour la magistrature que nous voudrions voir établir ces garanties de capacité : nous demandons qu'aucune fonction de l'Etat, civile ou militaire, ne soit conférée sans examen subi devant des Commissions composées d'hommes spéciaux qui, non-seulement examineront les candidats, mais se livreront à une enquête minutieuse sur la moralité et l'honorabilité de ceux qui solliciteront une fonction publique. Le favoritisme est la plaie de notre société depuis un certain nombre d'années surtout ; il est indispensable de le déraciner si nous voulons redevenir une nation digne de ce nom, et si nous ne voulons pas tomber au dernier degré d'avilissement. Les abus du favoritisme sont chose aujourd'hui connue de tout le monde, il est temps de faire que les places soient données aux plus dignes et non à des gens ineptes et paresseux, mais favorisés du pouvoir ou de ses agents. Que de difficultés et d'entraves sont tous les jours suscitées par des fonctionnaires qui n'ont pas les connaissances nécessaires à l'exercice de la fonction dont ils sont investis !

INSTRUCTION PUBLIQUE.

Mais afin d'avoir des sujets instruits et laborieux, il faut que l'instruction soit mise à la portée de tous. Nous ne cesserons de demander l'instruction primaire gratuite et obligatoire. Ici encore, l'ennemi qui nous a vaincu nous montre la voie : l'Allemagne jouit du bienfait de l'instruction obligatoire, et elle l'a déjà introduite dans les provinces qu'elle nous a arrachées. Imitons-là et rendons, sans aucun retard, l'instruction primaire gratuite et obligatoire, sans nous laisser arrêter par ce sophisme mis en avant par les partisans de l'ignorance, que l'obligation de faire instruire ses enfants porte atteinte à la liberté du chef de famille. Eh quoi ! vous prenez au père de famille son fils pour en faire un soldat, et vous ne pourrez pas le lui emprunter pour en faire un homme ! Vous l'empêchez d'envoyer son fils dans les manufactures avant un certain âge, et vous ne pourrez pas l'obliger à l'envoyer à l'école ! Vous vous reconnaissez le droit de veiller sur son développement physique, et vous croyez commettre un abus de pouvoir en favorisant son développement moral ! Cela n'est pas sérieux. Vous entretenez à grands frais des prisons, des bagnes, dans lesquels vous renfermez les hommes conduits au vice et au crime, trop souvent par l'ignorance, et vous ne saurez trouver l'argent nécessaire pour entretenir des écoles destinées à prévenir les vices et les crimes ! Vous aimez mieux punir les auteurs des délits et des crimes que de les forcer à s'instruire, à apprendre à distinguer le mal du bien, à devenir des êtres moraux ayant conscience de leur responsabilité ! Vous ne croyez pas porter atteinte à la liberté en punissant les auteurs des crimes et délits contre la société, et ce respect de la liberté vous arrête lorsqu'il s'agit d'empêcher que ces crimes et délit, soient commis ! Tout membre d'une Société doit se mettre en état de lui être utile : le moyen, c'est d'avoir au moins l'instruction primaire : celui qui néglige de remplir ce devoir, doit aussi bien y être contraint qu'il est contraint d'acquitter ses impôts et de remplir tous ses devoirs sociaux. Il ne peut y avoir de liberté sans cette condition.

Du reste, le père de famille sera libre de choisir l'instituteur de ses enfants ; l'Etat doit seulement mettre à sa portée des maîtres instruits et moraux, et surveiller les maîtres libres, de façon à s'assurer qu'ils remplissent aussi ces conditions de capacité et de moralité. L'Etat doit également veiller à ce que les locaux où sont réunis les enfants soient sains et salubres.

TRAVAUX PUBLICS.

Nous ne voulons dire que peu de chose de l'administration des travaux publics : nous nous contenterons de faire remarquer que c'est peut-être là qu'il y aurait le plus de réformes à faire. Généralement, les travaux faits par nos ingénieurs sont parfaitement conçus et exécutés ; mais quelles sommes immenses ils coûtent ! Là on est habitué à tailler en plein drap, et l'on a un souverain mépris pour tout ce qui n'appartient pas à l'Administration. C'est là surtout qu'on trouve cette superfétation de formalités, de paperasseries, de lenteurs. Un exemple entre mille : Vous voulez faire bâtir une maison ou faire une plantation le long d'un chemin public : vous adressez au préfet une demande d'alignement : celui-ci demande un rapport à l'ingénieur en chef qui transmet la pétition à l'ingénieur ordinaire, qui lui-même la renvoie au conducteur, lequel voit les lieux, fait un rapport et le remet à l'ingénieur ordinaire. Celui-ci y met son visa, l'ingénieur en chef approuve le tout sans avoir rien vu, et le préfet, à qui le tout revient, prend, après trois ou six mois, un arrêté d'alignement, sans savoir ce dont il s'agit ni ce qu'il fait. Et nous nous décernons le titre de peuple le plus spirituel de la terre ! Il est vrai que si nous n'avions pas imaginé ce beau mécanisme, et que quelqu'un vint nous raconter que les choses se passent en Chine de cette façon, nous éclaterions de rire et nous traiterions de crétin le peuple affligé d'une si merveilleuse organisation. Nous faisons des révolutions, nous renversons des gouvernements, mais nous maintenons l'outillage, et la machine continue à marcher avec les mêmes engrenages compliqués et défectueux.

Pourquoi l'administration des ponts et chaussées n'aurait-elle pas un plan général des routes et chemins avec abornement ? les parties de ces plans, relatives aux voies traversant les communes ou leurs territoires, seraient déposées aux mairies de ces communes. Les bornes kilométriques seraient posées de façon à servir en même temps de bornes de délimitation avec les propriétés riveraines. Et lorsqu'un propriétaire voudrait planter, bâtir, il lui suffirait de se reporter au plan déposé à la mairie et de s'y conformer ; s'il empiétait ou commettait des anticipations, ce serait à ses risques et périls : l'administration des ponts et chaussées poursuivrait contre lui, comme cela se fait entre particuliers, le redressement des écarts qu'il pourrait commettre.

Les conducteurs que l'on emploie à faire, défaire et refaire des alignements sans cesse modifiés, auraient, dans un temps relativement court, établi d'une manière très-complète les plans et abornements dont il s'agit.

Nous appelons aussi l'attention sur les difficultés et entraves suscitées par l'Administration à l'établissement de pontceaux sur les berges des routes. L'agriculture a beaucoup à souffrir, pour l'enlèvement de ses récoltes et la conduite de ses engrais, des minuties de l'administration à cet égard. Sans doute il ne faut pas que chacun puisse établir des travaux, mêmes provisoires, selon sa guise et sa fantaisie ; mais il serait bon que, sous la surveillance des agents, il fût accordé de plus grandes facilités à l'agriculture.

DROIT DE MUTATION SUR LES TITRES.

En ce moment, où de tous côtés on cherche de l'argent pour réparer nos désastres et payer notre rançon, où partout on crée de nouveaux impôts, nous croyons pouvoir proposer une source de revenus toute nouvelle. Tout ce qu'un citoyen trouve dans l'héritage de ses parents est frappé d'un droit de mutation par décès. Pourquoi n'en serait-il pas de même des titres de noblesse ? L'usage admet que le titre de noblesse, conféré dans l'origine pour des services rendus, comme l'est de nos jours la croix de la Légion d'honneur, peut, à la différence de·cette croix, être transmis aux enfants de celui qui en a été décoré : s'il a plusieurs enfants, ceux-ci prennent différents titres. Pourquoi ne pas soumettre cette transmission à un droit de mutation, comme tout ce qu'un enfant hérite de son père ? Puisqu'il est admis que le titre peut se transmettre par voie d'héritage, pourquoi ne serait-il pas assujetti à un droit de mutation comme tout ce qui se transmet par cette voie ? Le titre de prince pourrait être taxé à un droit de 25,000 francs, celui de duc 20,000 francs, celui de marquis 15,000 francs, celui de comte 10,000 francs, vicomte 8,000 fr., baron 5,000 francs, chevalier 2,000 francs.

Les personnes qui porteraient un titre ou une particule que n'avait pas leur père, seraient censées l'avoir hérité et devraient acquitter la taxe. Celles qui se feraient conférer des titres par les puissances étrangères, ne pourraient être admises à les porter en France qu'après avoir acquitté les droits ci-dessus indiqués.

E. PISSOT,
Notaire à Doulevant.

RÉPONSE

Aux observations de M. GUILLEMIN, Vérificateur de l'Enregistrement et des Domaines (1).

Monsieur,

En répondant aux observations que j'ai publiées sur l'Administration de l'Enregistrement et en critiquant les réformes que j'ai cru pouvoir proposer, vous avez certainement usé d'un droit qu'il ne peut me venir à l'idée de contester. Vous voudrez bien aussi me permettre de répondre à vos critiques, et de démontrer qu'elles n'ont qu'une portée insignifiante et ne détruisent en rien ni mes observations ni les reproches que j'adresse à l'Administration et à ses moyens d'action.

Tout d'abord vous m'accusez de manquer de *courtoisie* dans mon *factum* : si c'est manquer de courtoisie que de signaler ce qu'on croit être mauvais, j'ai en effet manqué de courtoisie ; mais j'avoue qu'il était loin de ma pensée de chercher à blesser qui que ce soit, et je vous accorderai très volontiers, que si les agents de l'Administration sont extrême-

---

(1) Les études qui précèdent avaient été publiées dans le journal le *Progrès de la Haute-Marne;* M. Guillemin, vérificateur de l'Enregistrement et des Domaines, dont la susceptibilité avait été blessée, a publié dans le même journal, numéro du 20 juillet 1871, des observations qui ont amené la réponse suivante.

ment fiscaux, je les tiens pour des hommes parfaitement hono-
rables : j'en ai connu un trop grand nombre pour ne pas
rendre justice au personnel de votre Administration. Aussi
n'est-ce pas les agents, que j'ai eu en vue dans mes critiques,
mais bien les tendances fiscales de l'Administration, et ses
dispositions à trouver, par des interprétations plus ou moins
risquées des textes, le moyen de faire produire de plus en plus
à l'impôt déjà si lourd de l'Enregistrement. Je n'avais pas cru
devoir entrer dans le détail des tracasseries, des vexations qui
résultent des moyens employés par l'Administration : cela
m'avait paru être chose connue et généralement admise ; mais
puisque vous m'accusez d'être injuste et inexact, il faut bien
que je spécialise et que j'indique ce que j'ai eu en vue, en
parlant des tracasseries et des formes inquisitoriales. Vous
rappellerai-je les prétentions de votre Administration à
s'immiscer au sujet des apports des époux fixés par leurs contrats de mariage, dans les secrets les plus intimes des familles,
sans s'arrêter devant les scandales pouvant résulter de ses
recherches? Heureusement les tribunaux l'ont arrêtée à temps ;
mais il a fallu plusieurs décisions judiciaires pour mettre un
terme à un zèle exagéré. Vous savez aussi bien que moi que
profitant de la crainte qu'inspirent les procès aux contribuables,
l'Administration, par la menace d'un procès sur une question
d'intérêt presque nul, obtient le paiement de droit minimes,
qui souvent ne sont pas dus, mais que l'esprit d'innovation
fait réclamer. Vous rappelez-vous ce droit d'acceptation de
transport, dont la loi n'a jamais autorisé la perception, et que
votre Administration a perçu pendant des années, jusqu'à ce
qu'enfin sur la demande d'un notaire de Lyon, qui avait réuni
plusieurs cas à dessein, pour que l'affaire en valut la peine,
la cour eût condamné la prétention de la Régie, que personne
ne voulait se donner l'ennui de combattre judiciairement parce
qu'il s'agissait d'un droit de deux francs.

Vous parlerai-je des menaces d'expertise, pour obtenir des soumissions ? De combien de faits de cette nature n'ai-je pas été témoin, alors que l'agent savait bien lui-même qu'il n'y avait pas de fraude. J'ai même vu obtenir d'un acquéreur une soumission de porter le prix d'une maison par lui acquise à plusieurs centaines de francs au-dessus du prix réel ; et pourtant le prix n'avait pas été déguisé ; il y avait un nombre de créanciers hypothécaires suffisant pour écarter jusqu'à la pensée d'une fraude sur le prix ; dans tous ces cas les contribuables aiment mieux acheter leur tranquillité par le paiement d'une petite somme quoique non due ; et croyez-vous qu'alors la Régie leur devienne bien sympathique ? Je ne pousserai pas plus loin les exemples.

Vous me dites que l'on peut s'adresser aux tribunaux et lutter ainsi à armes égales avec l'Administration. Eh bien ! non, les armes ne sont pas égales : quel risque court l'Administration ? Si elle perd, elle en est quitte pour ne pas percevoir un droit contesté, et qu'elle réclamait injustement. Le contribuable est-il dans la même situation ? En admettant qu'il ait gain de cause, il lui faudra payer son conseil, qui a rédigé les mémoires ; il aura eu les ennuis et les déplacements d'un procès, et tout cela souvent pour ne pas payer indûment une somme de quelques francs ? Il aura dépensé au minimum 40 à 50 francs pour ne pas en payer deux, dix, vingt, soixante, etc. Pouvez-vous dire que sa situation devant les tribunaux est la même que celle de la Régie qui a tout à gagner, et rien à perdre, et à laquelle le procès quelle qu'en soit l'issue, rapportera toujours quelque chose ? Pour que les *droits* et les *privilèges* fussent égaux, il faudrait que l'Administration, si elle perd, fût condamnée à une indemnité envers le contribuable, qu'elle a injustement détourné de ses affaires et induit en dépenses. Etonnez-vous donc que dans de pareilles circonstances le contribuable préfère payer une modique

somme, même non due, plutôt que de se lancer dans les
ennuis et les frais d'un procès dont l'issue est toujours dou-
teuse ; car les tribunaux, étant d'essence humaine, peuvent
se tromper, et cela n'est pas sans exemple, tant au point de
vue fiscal qu'au point de vue civil ; il suffit pour s'en con-
vaincre de parcourir les recueils de jugements et arrêts où
l'on en rencontre sur presque toutes les questions, pour et
contre.

Sans doute les employés ne sont pas coupables de faire
exécuter la loi, et Dieu me garde de dire jamais rien de semblable ; aussi ne les ai-je pas inculpés d'une chose qui n'est
que l'exécution de leur devoir ; mais ce que je leur reproche,
c'est de faire trop de zèle ; dans cette administration comme
dans beaucoup d'autres, il faut se défier de l'excès de zèle ;
rappelez-vous cette parole d'un fonctionnaire supérieur de
l'ordre politique à ses subordonnés, *surtout, messieurs, pas
d'excès de zèle*. Eh bien ! dans une administration où l'on
aura d'autant plus de droits à l'avancement qu'on aura
découvert le moyen de faire payer des droits auxquels on
n'avait pas songé jusqu'alors, est-il donc étonnant que les
agents torturent le texte de la loi, pour en faire sortir un droit
à percevoir ? J'ai fait l'éloge de la loi de frimaire an VII et je
le maintiens ; mais oseriez-vous prétendre que cette loi est
aujourd'hui exécutée par les agents de la Régie de la même
manière que lorsqu'elle a paru ? Comment se fait-il qu'on ait
mis 60 ans à y trouver des choses que ceux qui étaient chargés de l'exécuter dans l'origine n'y avaient pas vues, si ce
n'est parce que cela n'y était pas et que ce n'est qu'à force de
retourner les textes dans tous les sens, qu'on en a fait sortir
ce que le législateur n'y avait pas mis. Et ce n'est pas votre Administration seule qui est ainsi parvenue à modifier par l'interprétation l'esprit et le sens des lois : c'est une maladie, hélas ! trop
générale ; toutes les lois ont été ainsi victimes des interpréta-

tions de la doctrine, et les tribunaux n'ont pas non plus malheureusement toujours maintenu leur jurisprudence primitive,
qui pourrait bien être la meilleure, puisque au moment où
une loi vient d'être faite on en connaît généralement mieux
l'esprit et la portée.

Est-ce à dire que la loi de frimaire soit sans défaut et à
l'abri de toute critique? Ce n'est assurément pas moi qui le
soutiendrai; et partant de là vous me reprochez mon peu de
logique, parce que après avoir dit que cette loi est très-bien
faite, j'ai critiqué quelques-unes de ses dispositions. Oh ! per-
mettez-moi de vous dire, que c'est là un abus de raisonnement, et que vous m'avez bien légèrement accusé de manquer
de logique : j'approuve certaines dispositions et même l'ensemble, j'en blâme quelques parties, donc je suis illogique ;
j'avoue que je ne puis comprendre cette manière de raisonner.
Vous semblez avoir de meilleures raisons, quand vous m'accusez
d'avoir contesté la fraude et de l'avoir reconnue ensuite. Vous
remarquerez d'abord que je ne l'ai jamais niée : j'ai dit que votre
Administration la voit partout, que la fraude est son cauchemar, mais je n'ai pas pour cela nié qu'elle existât : c'est affaire de mesure ; la Régie la voit partout, moi je la vois où
elle est et je ne fais nulle difficulté de la reconnaître. Mais
savez-vous ce qui la fait naître et ce qui l'entretient? C'est
l'exagération des droits, c'est la prime que vous lui payez en
élevant les droits à une somme au-dessus de toute proportion
avec ce qu'ils devraient être. Diminuez les droits, rendez-les
équitables, la fraude diminuera, et si elle persiste vous ferez
alors sagement de la punir très-sévèrement.

Vous cherchez encore à me mettre en contradiction en ci-
tant des passages de mes articles ; et cette fois, comment
dois-je qualifier votre procédé? Après m'avoir reproché de
trouver mauvais que l'Administration de l'Enregistrement
poursuive avec ardeur la répression de la fraude, par des

moyens souvent vexatoires, vous *retenez*, dites-vous, *cette phrase* : En cas de fausse déclaration, *les agents du fisc seraient admis à poursuivre le contribuable suspect et à prouver par tous les moyens de preuve la fausseté de la déclaration*. Et vous vous écriez triomphalement, *si votre proposition était acceptée, quels griefs nouveaux à ajouter à ceux que vous avez amassés et quelle épithète nouvelle lanceriez-vous contre cette Administration inquisitoriale.*

Vous rappelez-vous cette parole d'un magistrat, *donnez-moi trois lignes de l'écriture d'un homme, et je me charge de le faire pendre*. Vous êtes ce magistrat, monsieur ; vous vous emparez d'une phrase ici, d'une phrase là, vous les groupez avec art, en supprimant ce qui précède et ce qui suit et vous bâtissez là-dessus mon procès. Est-ce là de la *courtoisie?* Cette phrase que vous citez, je l'ai écrite, je la maintiens, mais à la place où je l'ai mise : elle ne s'applique pas à votre Administration, mais bien à celle des contributions directes. Elle se trouve dans un tout autre ordre d'idées. Après avoir expliqué comment je désirerais voir organiser l'impôt unique sur le revenu, résultant d'une déclaration faite par le citoyen à sa municipalité, j'ajoute ceci : *Si la déclaration paraissait tellement peu sincère, que le conseil municipal à l'unanimité fût d'avis qu'elle est suspecte d'inexactitude considérable, les agents du fisc seraient admis à poursuivre le contribuable suspect et à prouver par tous les moyens de preuve autorisés en droit civil la fausseté de sa déclaration.* Vous avez voulu.vous donner le plaisir de me mettre en contradiction ; vous me faites dire une monstruosité ; vous rapprochez pour le besoin de votre cause deux choses qui n'ont aucun rapport.

Je n'insiste pas, et je laisse aux lecteurs le soin de juger de la *courtoisie* de votre procédé.

Vous me demandez si c'est l'article 42 de la loi de frimaire que j'ai eu en vue en reprochant à l'Administration de ne pas tenir compte des conventions des parties ; cet article pourrait peut-être recevoir quelques modifications, c'est mon avis, mais je ne songeais alors nullement à lui. Ce que j'ai voulu dire, c'est que si dans un acte les parties reconnaissent l'exactitude d'un fait, par exemple, dans une liquidation, le rapport dû par un co-héritier, le cauchemar de la fraude ne permet pas à l'Administration d'admettre ce fait, parce qu'il peut diminuer les droits à percevoir. La loi peut-être l'y autorise : eh bien, je demande que la loi soit modifiée sur ce point, comme sur celui où elle ne permet pas de déduire le passif de l'actif d'une succession.

Passons maintenant aux critiques que vous adressez à mon projet :

Le dépôt au chef-lieu de canton des plans et matrices du cadastre, de toutes les communes, pourrait avoir en effet des inconvénients si c'étaient les originaux qui y fussent déposés ; et les copies à en faire pourraient en effet être coûteuses ; mais il n'est pas nécessaire d'y avoir les plans, et quant aux copies des matrices, elles se feraient peu à peu et à mesure que les comptes seraient ouverts à chaque parcelle ; ce compte serait en effet une sorte de copie de la matrice, puisque pour chaque numéro on indiquerait une fois pour toutes la conteneur et le nom du propriétaire, le tout résultant de l'acte soumis à l'Enregistrement, et qui devrait contenir l'énonciation du numéro du plan et la contenance d'après le cadastre ; les originaux ne seraient donc pas déplacés, et les habitants du canton ne seraient pas obligés de se transporter au chef-lieu *où se trouve un notaire*. Avez-vous bien pesé la portée de cette insinuation malveillante ? Que diriez-vous, monsieur, si je vous accusais de n'avoir publié votre réponse que pour vous faire bien venir de votre Administration ? Vous trouveriez (et vous auriez raison) que je vous fais une injure toute gratuite. Pourquoi donc insinuez-vous que si je propose des réformes, c'est dans l'intérêt exclusif d'une corporation dont je m'honore de faire partie, et même dans mon intérêt personnel?

Je ferai, dites-vous, plus de paperasseries et de dépenses avec mon système : il est probable qu'on ne pourra jamais asseoir la propriété et percevoir les impôts sans dépenses et sans registres. Mais examinons si le système actuel n'en occasionne pas plus que celui que je propose. La copie des matrices se composera uniquement du compte ouvert sur des registres à chaque parcelle du cadastre, compte qui d'après ce que nous avons vu ci-dessus, s'établira peu à peu. Ce compte, dites-vous, est impraticable, dans l'état de division de notre sol. Qu'il soit assez long et demande un assez grand nombre de feuillets, je l'avoue ; mais vous avez aujourd'hui au bureau des hypothèques un compte ouvert à chaque propriétaire, à chaque débiteur hypothécaire ; y a-t-il donc beaucoup moins de difficultés et les deux choses ne peuvent-elles aussi bien se pratiquer l'une que l'autre ? L'enregistrement, aujourd'hui, consiste en l'analyse faite sur un registre des actes authentiques et la copie entière des actes sous seings privés : la transcription consiste dans la copie entière sur les registres, de tous les actes authentiques, et sous seings privés, et des jugements ; l'inscription, dans la copie des bordereaux. Vous appelez cela une chose simple, pratique et commode : cela n'entraîne apparemment, ni dépenses ni paperasseries. Je propose de remplacer toutes ces copies par de simples mentions mises aux comptes des parcelles : cela augmente-t-il les paperasseries? Et, sérieusement, je pense que ces mentions suffisent à garantir l'intérêt des tiers. En effet, qu'a besoin de savoir le tiers? Si la propriété a changé de propriétaire ou si elle est grevée d'un droit réel : pour savoir si elle a changé de propriétaire, la mention suffit ; il est bien rare qu'on demande au bureau des hypothèques la copie de la transcription ; lorsqu'on désire acheter une propriété, on demande au vendeur de justifier de ses titres. Pour les droits réels, priviléges et hypothèques, si on ne se contente pas de la mention portée au compte de la parcelle, on demandera la copie du bordereau d'inscription, lequel doit rester déposé au bureau.

Quant à vos considérations tirées de la jeunesse et de l'inexpérience des Receveurs, elles me touchent peu : si un agent n'a pas fait ses preuves, on ne le nommera pas et cela finira par là. On exige 25 ans d'âge pour être notaire, et à cet âge-là, lorsqu'on a fait les justifications nécessaires pour être admis, on est apte à constituer les hypothèques et droits réels par actes authentiques, à présider aux mutations de propriété, en un mot, à faire tous les contrats de la vie civile. Eh bien, s'il faut exiger des Receveurs 25 ans d'âge et des preuves de leur capacité, on les exigera : ce n'est pas plus difficile que cela.

Mais, dites-vous, un contrat peut avoir pour objectif plusieurs immeubles situés dans des cantons différents : vous allez donc faire voyager votre client dans plusieurs bureaux ? Il semblerait à vous entendre qu'aujourd'hui un contrat n'a jamais pour objectif plusieurs immeubles situés dans des arrondissements différents. Comment fait-on aujourd'hui ? on transcrit, c'est-à-dire on copie dans ce cas l'acte entier dans tous les bureaux d'hypothèques dans le ressort desquels il y a des immeubles compris au contrat ; et Dieu sait si cette formalité est coûteuse ! Mais du moment où cela existe, cela vous paraît bien et vous oubliez même que cela existe ; vous semblez croire que mon système fera naître cet inconvénient qui d'ailleurs ne sera pas si fréquent, et qui en tous cas sera bien moins onéreux que dans le système actuel, puisqu'au lieu d'une copie, il s'agira d'une simple mention.

La réponse que vous me faites en me renvoyant à l'article 2148, qui n'a rien à faire à propos de transcription, ne m'empêche pas de maintenir que l'Administration exagère la consommation du Timbre, que cette exagération est récente et

que le mode d'inscription d'office, tel qu'il se pratique aujour-
d'hui ne remonte qu'à une époque postérieure à la loi sur la
transcription de 1855 ; et, d'ailleurs, si une disposition légis-
lative consacre ce mode que je persiste à signaler comme abu-
sif, ce serait le cas, en sollicitant des réformes, de demander
que cette disposition fût modifiée.

Je suis *naïf*, dites-vous, de demander que la fraude soit
reconnue dans un acte. En vérité, je me demande si je dois
plus admirer ma propre naïveté que celle d'un Vérificateur de
l'Enregistrement qui ne peut concevoir la reconnaissance dans
un acte d'une fraude commise antérieurement. Est-ce que
vous n'avez jamais vu dans un Inventaire, dans une Liquidation, dans un Compte de tutelle, etc., la veuve, le tuteur d'enfants mineurs, enfin les parties ou les ayants-droit des parties
lésées, soutenir et prouver que le prix réel de vente d'un immeuble n'a pas été porté dans l'acte d'aliénation ? que la
reprise à laquelle elles ou leurs auteurs ont droit est plus
élevée que celle qui paraît résulter du titre de vente ? Ces re-
connaissances sont assez fréquentes pour que j'en tienne
compte et pour que je les considère comme un moyen de
preuve irréfutable, et je ne crois en cela donner aucun indice
de naïveté.

Quant aux exemples que vous donnez pour arriver à démontrer que mon système est digne d'admiration, je ne pen-
sais pas qu'un homme sérieux peut en venir à de pareilles
futilités. Votre échelle de décroissance de la valeur des biens,
vous me permettrez de vous le dire, n'a pas de base sérieuse,
et c'est le cas de vous appliquer la maxime : *Qui veut trop
prouver ne prouve rien.* Il y aura toujours des gens qui por-
teront dans les actes le prix réel des biens qu'ils vendent ou
achètent, surtout lorsque le taux de l'Enregistrement sera
assez bas pour qu'ils n'aient rien à gagner à dissimuler le
prix réel, et que cette dissimulation devra souvent être pour

eux la cause d'une perte sur les reprises qu'ils pourraient
avoir un jour à exercer ; d'ailleurs, la prime pouvant résulter
de la fraude se trouvant dans mon système extrêmement minime, on n'aura plus intérêt à frauder, et on ne le fera plus
ou presque plus : car ce qui entretient la fraude, c'est l'appât
d'un gain, et non un amour platonique pour la fraude. Les
prix scront relevés au compte de la parcelle vendue, et lorsqu'une vente sera présentée à l'Enregistrement portant un
prix moindre que les sept douzièmes de la moyenne de tous
les prix portés au compte de la parcelle, alors il y aura pré-
somption de fraude équivalente à une preuve, et l'Administration pourra par cela même réclamer les suppléments de droits
et amendes. Cette limite des sept douzièmes n'est pas aussi
extravagante que vous la présentez ; c'est le chiffre fixé par
l'article 1674 du code civil pour les relations entre particuliers dans le droit civil, dont il est vrai votre Administration
fait peu de cas et qu'elle prétend ne pas lui être applicable.

Je vous avouerai au surplus que je n'ai guère compris votre
exemple de mutations successives sur des prix finissant par
arriver à zéro, et je serais tenté de croire que vous m'avez
sciemment fait dire des absurdités et des énormités, pour
vous donner le facile plaisir de réfuter des choses que je n'ai
point avancées.

Vous condamnez d'un mot l'impôt sur le revenu, en me
renvoyant à l'appréciation de M. Thiers qui l'appelle un
impôt de discorde. Je reconnais la compétence de M. Thiers,
son immense talent et les services qu'il a rendus et rend tous
les jours à la France : mais je n'ai pas pour habitude de m'in-
cliner sans examen devant la voix d'un maître : l'affirmation
d'un homme, si haut placé qu'il soit, ne me suffit pas si elle
n'est pas accompagnée d'une démonstration qui me convainc :
libre à vous d'accepter les opinions toutes faites et sans les

soumettre à une discussion ; pour moi je veux étudier, et bien que M. Thiers soit un homme éminent et supérieur à beaucoup d'autres, je crois cependant qu'il peut se tromper. Cet impôt sur le revenu, qu'il lui a plu d'appeler un impôt de discorde, existe en Angleterre ; il existe en Allemagne ; il fonctionne dans ces deux pays, sans amener de discordes ni de désordres ; que dis-je, il existe en France, et vous ne proposez pas de le supprimer.

Qu'est-ce en effet que l'impôt mobilier, sinon un impôt sur le revenu ? Est-ce que lorsque les répartiteurs et le contrôleur déterminent l'impôt mobilier d'un contribuable, ils ne cherchent pas à atteindre son revenu : ils fixent la valeur locative de son habitation, et dans leur pensée, et dans celle de la loi de 1791, qui a établi cet impôt, la détermination de la valeur locative de l'habitation des citoyens, est un moyen d'atteindre par l'impôt *leur faculté présumée*, c'est-à-dire leurs revenus : l'importance de l'habitation a été considérée par la loi comme proportionnelle au revenu.

J'ai peut-être été un peu long dans ma réfutation de vos observations à mon *factum*, mais j'ai voulu ne laisser aucun point de votre attaque sans réponse : et puis je n'ai pas voulu scinder cette réponse, ce qui vous eût sans doute aussi paru une *habileté*.

E. PISSOT,
Notaire à Doulevant.

Wassy. — Typ. et Lith. de J. GUILLEMIN.